할머니, 왜 집 놔두고 노인정에서 주무세요?

할머니, 왜 집 놔두고 노인정에서 주무세요

사용자 경험, 서비스디자인, 넛지는 공공서비스를 어떻게 바꾸고 있는가

A Glance at User Experience, Service Design, and Nudge

How Korean Public Sector Changed Itself through Them

한울

차례

책을 시작하며:
할머니, 왜 집 놔두고 노인정에서 주무세요?

1) 국민디자인단?

2015년 농림축산식품부 국민디자인단의 프로젝트를 소개하는 것으로 이 책을 시작하고자 합니다. 이 책이 다룰 내용에 대한 개념 설명보다 사례를 먼저 언급하는 게 이례적일 수도 있겠습니다. 하지만 소개드릴 프로젝트만큼 책의 내용인 국민디자인단, 그리고 그 바탕에 깔린 서비스디자인의 본질을 잘 드러내는, 더 나아가 서비스디자인을 활용하는 국민디자인단이 기존의 정책이나 서비스와 어떻게 차별화된 성과를 보여주는지를 극명히 드러낸 사례가 없기 때문이죠.

저는 이제까지 기회가 될 때마다 여러 차례 이 프로젝트를 소개해 왔고, 그때마다 청중의 매우 호의적인 반응을 얻었습니다. 감동받았다는 분들도 계셨고, 디자인이 이렇게 놀라운 일을 할 수 있다니 디자인의 세계를 새롭게 보는 계기가 되었다는 분들도 계셨고, 이런 프로젝트들이 이어지면 한국의 행정이 새롭게 바뀔 것이라고 말씀하신 행정학 전공자분들도 계셨습니다.

농림축산식품부 국민디자인단을 소개하려면 '국민디자인단'이 무엇인지부터 먼저 설명해야겠군요. 국민디자인단이란 국민들이 참여해 우리 주변의 정책이나 서비스를 직접 디자인하는 활동을 의미합니다. 정책이나 서비스를 디자인한다니 거창하게 들리실 수 있지만, 실제 국민디자인단이 수행하는 대부분의 프로젝트는 보통 사람들이

| 정책 Policy **과 디자인**Design

한 언어를 다른 언어로 옮길 때 종종 의미나 뉘앙스가 달라지는 경우가 있습니다. '정책'이나 '디자인'은 우리의 고유어가 아니라 영미권의 단어 policy를 번역하거나 design을 그대로 쓴 것인데 원어 policy나 design과는 용례가 많이 다릅니다.

한국에서 '정책'이라고 하면 정부가 만드는 굉장히 고차원적인 각종 대책, 의제, 대안 등을 가리킵니다. 하지만 미국에서 policy는 주체가 정부에 한정되는 것도 아니며 꼭 고차원적일 필요도 없습니다. 일례로 보험 보장 내역도 policy라고 부릅니다. '디자인'도 마찬가지입니다. 한국에서는 디자인이 디자이너의 전유물로 고도의 전문적인 활동으로 인식됩니다. 반면 미국에서 디자인은 뭔가를 구상하는 작업에 폭넓게 통용됩니다. 예컨대 보험을 들 때 미리 정해진 상품에 가입하지 않고 보상금을 올리겠다고 하면 미국에서는 이를 'design your own policy'라고 표현합니다. 이걸 '네 정책을 직접 디자인해라'고 옮기면 오역이 되겠죠.

저는 독자가 이 책을 읽고 나서 정책이나 디자인이 우리가 생각하듯 부담스럽고 전문적인 느낌이 아니라 영어권의 해당 단어들처럼 생활에 가깝고 누구나 부담없이 참여할 수 있는 단어들로 인식되기를 바라고 있습니다.

주변의 일상에서 마주치는 문제들을 해결하는 활동입니다. 농림축산식품부가 꾸린 국민디자인단도 마찬가지였습니다. 2015년 농림축산식품부가 정한 프로젝트 주제는 다음과 같습니다.

농촌 지역 노인들의 공동생활홈home의 환경 개선

몇 가지 의문이 드실 겁니다. 우선 농림축산식품부라면서 왜 소 키우기나 밭농사가 아니라 농촌 지역 노인들의 생활을 대상으로 삼았는지 의문이 드시죠? 농림축산식품부는 농업이나 축산업, 식품만을 다루는 부서가 아닙니다. 농촌 지역의 여러 환경 개선 사업도 농림축산식품부의 업무 영역에 속합니다. 그래서 농촌 지역의 공동생활홈이 농림축산식품부의 프로젝트로 선정된 것이죠.

다음으로 이 프로젝트가 다루는 '공동생활홈'은 무엇일까요? 쉽게 말해서 노인정이라 생각하시면 됩니다. 농촌 지역 노인분들이 모여서 함께 밥도 지어 먹고, 집에서 하기 힘든 목욕도 하시고(요즈음은 농촌 지역에도 목욕탕이 많이 사라졌어요), 글쓰기나 그림 같은 걸 배우기도 하고, 그도 아니면 그냥 이야기라도 나누며 소일하시는 공간입니다.

그러니까 이 프로젝트의 요점은 농촌 지역 노인분들이 모여 지내는 노인정의 시설을 개선해 노인분들의 만족도를 높이는 것이었습니다. 목표는 아주 간단하죠. 예산도 이미 확보되어 있었고요.

국민디자인단은 보통 '서비스디자이너'라고 불리는 분들을 중심으로, 해당 프로젝트를 추진하는 기관(이 경우에는 농림축산식품부가 되겠죠)의 담당 공무원, 프로젝트 주제와 관계된 전문가, 프로젝트의 직접 고객이거나 관심이 많은 일반 시민으로 구성됩니다. 이들이 세 달 정도 되는 프로젝트 기간 중에 여러 차례 만나며 해당 프로젝트의 고객(이 경우에는 노인분들이겠죠)의 진정한 요구를 파악합니다. 그리고 이를 만족시킬 수 있는 정책이나 서비스를 디자인하는 것이 활동의 핵심이지요.

2) '답정너' 프로젝트?

'하지만 공동생활홈 개선에 무슨 진정한 요구가 있겠어? 예산이 확보되어 있다니 노인정 시설이나 좀 고쳐주면 되겠지.' 네, 처음에는 국민디자인단도 그렇게 생각했다고 합니다. 이 프로젝트를 추진했던 농림축산식품부도 마찬가지였고요.

여기서 한 가지 짚고 넘어가면요. 정부는 보통 전년도에 다음 해에 쓸 예산을 세부적인 항목까지 다 정해놓고 국회의 승인을 받아 편성합니다. 그리고 새해가 되면 예산을 항목에 맞게 집행하고, 그다음 해가 되면 국회로부터 원래 편성한 내역에 맞게 썼는지 심사도 받습니다. 간단히 말해 어떤 사업에 들어가는 돈은 실제 해당 사업을 시행하는 해에 정해지는 것이 아니라 이미 그 전년도 하반기에 쓰임새가 다 정해진다는 이야기입니다.

지금 말씀드리는 프로젝트도 예외가 아니어서, 2015년 농촌 지역 노인 공동생활홈 환경 개선 사업에 쓸 예산은 이미 전년도, 그러니까 2014년에 어디에 얼마를 쓸지가 정해져 있었습니다. 구체적으로 밝히기는 어렵지만 대략 이렇게요.

진정한 요구 Hidden Desire

이 용어는 국민디자인단의 기반이 되는 서비스디자인에서 가져왔습니다. 서비스디자인 관련 문헌을 보면 대부분 이 용어를 '숨겨진 욕구(혹은 욕망)'라고 원문 그대로 옮기는데요. 저는 이 용어를 '진정한 요구'로 순화했습니다. 숨겨진 욕구라고 하면 뭔가 에로틱한 느낌이 들지 않나요.^^

이 용어는 서비스디자인의 핵심이자 이 책을 관통하는 가장 중요한 주제이기도 합니다. 서비스디자인이 발견해 낸 것은 사람들이 겉으로 보여주는 선호와 내면에 숨겨진 요구, 혹은 욕망이 다르다는 것이죠.

과거에 제품이나 서비스를 출시할 때면 과학적인 방법론을 활용한다며 소비자들을 상대로 설문 조사를 실시하고 그 결과를 바탕으로 제품을 설계(디자인)해 내놓았습니다. 하지만 소비자가 원하는 것이라 믿고 내놓은 제품들이 실제 시장에서 외면받아 실패하는 사례가 다수 발생하면서, 설문과 같은 시장조사 방법으로는 드러나지 않는 사람들의 심리 속에 숨은 욕구, 선호를 찾아내야 할 필요성을 느끼게 된 것이죠.

- ▷ 농촌 지역 노인 공동생활홈 ㅇㅇ곳을 시범 사업 대상으로 선정
- ▷ 예산의 ㅇㅇ%는 공동 목욕탕 시설 구축에 사용
- ▷ ㅇㅇ%는 공동 주방 시설 개선에 사용
- ▷ ㅇㅇ%는 공동생활홈 냉난방 시설 보완에 사용

그러니까 사실 프로젝트를 시작하기 전에 뭘 해야 할지가 이미 정해져 있었다는 이야기입니다!

저 개인적으로는 행정의 가장 중요한 수단인 예산이 이처럼 국회의 강력한 통제를 받으며 조금의 자율성도 없이 기계적으로 쓰이는 점에 대해 그리 바람직하지 않다고 생각합니다. 하지만 기업처럼 스스로 번 돈이 아닌 국민에게 받은 세금인 만큼 일정 부분 통제는 불가피하다는 의견도 일리가 있다고 봅니다.

하여간 이 국민디자인단에 참여한 사람들조차 처음에는 '어차피 시설 개선 계획은 다 만들어져 있는데 무슨 국민디자인단 활동을 하는 거냐'라는 회의적인 생각이 많았다고 합니다. 요즈음 말로 '답정너'(답은 정해져 있고 너는 따르기만 하면 된다) 프로젝트였다는 말이죠.

앞서 국민디자인단의 중심에 있는 인물이 각 프로젝트별 서비스디자이너라고 말씀드렸습니다. 왜냐하면 서비스디자이너가 서비스디자인 기법을 활용해 프로젝트를 이끌어야만 여느 프로젝트와는 차별되는 성과를 가져올 수 있기 때문이죠. 만약에 핵심 멤버인 서비스디자이너조차 그렇게 답정너 프로젝트라고 치부했다면 결과는 뻔했을 것이고, 이 책의 서두에 소개될 일도 없었을 겁니다.

그러나 이 프로젝트의 서비스디자이너는 그냥 예산을 기계적으로

시설 개선에 쓴다면 프로젝트의 의미가 없으며, 이 프로젝트의 고객인 노인분들에게는 분명히 시설 개선만으로는 채워질 수 없는 쉽게 드러나지 않는 진정한 요구가 있으리라고 믿었습니다.

그럼 진정한 요구를 어떻게 드러낼 수 있을까요?

먼저 설문 조사를 생각해 볼 수 있겠네요. 하지만 노인분들이 설문 조사에 제대로 답할 수 있을까요? 아니, 그보다 노인분들에 대해 잘 모르는 담당자가 만드는 설문 조사 문항들이 제대로 요점을 짚어주기는 할까요?

간담회는 어떨까요? 어느 날 노인 열 분을 회의실에 모아놓고 간식을 드리며 "할머니 뭐가 제일 힘드세요?"라고 여쭈면 제대로 대답하실 어르신들이 과연 몇 분이나 계실까요?

진정한 요구, 숨겨진 요구라는 건 본인도 잘 느끼지 못하는 내면에 숨겨진 욕망이나 요구를 의미합니다. 자기표현에 능숙한 젊은이들로부터도 사실 찾아내기 힘든 것이죠. 그런데 내면에 담긴 속내를 드러내지 않고 평생을 살아오는 데 익숙해진 할머니들에게서 진정한 요구를 어떻게 찾아낼 수 있을까요?

나중에 더 자세히 설명하겠지만 서비스디자인에는 이런 진정한 요구를 찾아내는 몇 가지 기법이 있습니다. 이 프로젝트의 서비스디자이너가 채택한 기법은 그중 두 가지입니다. 하나는 현장 조사이고 다른 하나는 심층 현장 인터뷰in-context interview였죠. 쉽게 말해 노인분들을 관찰하고 그분들의 이야기를 들어보는 것입니다.

'에이, 뭔가 엄청난 게 있을 줄 알았는데 그게 다야?'라며 실망하시는 목소리가 들립니다. 서비스디자인이라기에 뭔가 굉장히 혁신적인 방법이 있으리라 생각했는데 기껏 관찰과 인터뷰라니 진부하다고요? 이런 말이 있습니다. 하늘 아래 새로운 것이 없다고요. 관찰과 인터뷰라는 수단은 진부할 수 있습니다. 그러나 그걸 '어떻게' 시행하는지에 따라 전혀 다른 결과를 가져올 수 있다는 게 중요합니다.

여기서 짚고 넘어가야 할 부분이 있어요. 서비스디자인의 조사나 인터뷰는 종래의 경영·행정 분야에서 시행하는 전형적인 조사나 인터뷰와는 세부적인 시행 방법이 전혀 다르다는 점입니다.

보통 기업이나 관공서에서 현장 조사를 한다고 하면 대규모 시찰단을 꾸려 사업 현장을 방문해 현장 감독의 안내를 받으며 둘러보는 것을 의미합니다. 군대를 다녀오신 남성분들이라면 몇 주간 아무것도 못 하고 시찰 준비만 해야 했던 부대장의 시찰 행사가 가져다준 끔찍한 기억들이 있으실 거예요. 남녀 모두가 공감할 만한 체험이라면 중·고교 시절 겪었던 장학사의 학교 방문 행사를 들 수 있겠죠. 어쨌든 이런 현장 조사는 대개 실제 현장과는 동떨어진, 시찰을 위해 잘 꾸며진 상황을 보기 마련입니다.

그럼 인터뷰는 어떨까요? 인터뷰를 한다고 하면 회사로 사람들을 초대해서 간담회처럼 진행하기 마련입니다. 아마 이것도 유사한 경험을 하신 분들이 많을 거예요. 회의실에 사람들을 모아놓고 "최대한 자연스럽게 이야기해 보라"며 높은 분이 서두에 말을 꺼내고 나면 어색한 침묵이 한참 흐르고, 결국 미리 정해놓았던 사람들이 준비해 온 발언을 꺼내는 식으로 딱딱한 분위기에서 진행되는 경우가 대부분이죠.

서비스디자인에서는 이렇게 진부한 방식으로 진행되는 형식적인 현장 조사나 인터뷰를 절대 금지합니다. 조사는 최대한 현장에서의 활동을 방해하지 않고 조사가 있다는 것조차 인지하기 어려울 만큼 조용하게 진행되며 한두 시간으로 끝나는 것이 아니라 며칠에 걸쳐서 충분히 관찰하며 찾기 힘든 요구 사항들을 파악합니다.

가령 인터뷰를 한다면 반드시 고객이 실제 활동하는 현장in-context에서 진행하되, 인터뷰 대상이 자연스럽게 자신의 요구 사항을 드러낼 수 있도록 최대한 격의 없이 접근합니다.

농림축산식품부 국민디자인단도 이런 서비스디자인의 원칙을 준수하며 조사와 인터뷰를 시행했습니다. 서비스디자이너의 판단에 따라, 먼저 며칠간 공동생활홈에서 할머니들과 함께 지내며 최대한 정서적인 거리를 좁히려고 했죠.

처음부터 관찰자로 자리매김하거나 마이크를 들이대며 인터뷰를 하는 것이 아니라, 아주 자연스럽게 할머니들의 말벗이 되어드리며 며칠간 식사와 생활을 같이하고 행동을 관찰합니다. 그리고 할머니들이 경계를 푼 이후에 나누는 이야기들을 채집해 인터뷰로 삼았습니다.

그 결과, 국민디자인단은 전혀 예상하지 못했던 놀라운 사실, 그러니까 시골 할머니들이 맘속에 꽁꽁 숨겨놓았던 진정한 요구를 발견하게 됩니다.

미스터리 쇼퍼 Mystery Shopper

요즈음은 조사와 체험을 결합한 미스터리 쇼퍼라는 방식이 많이 쓰입니다. 조사하는 사람인지 모르게 일반 고객인 양 위장한 채 직접 서비스를 받고 문제점을 분석하는 방식이죠.

3) 할머니들은 밤에도 집에 가지 않는다. 왜?

먼저 관찰을 통해 찾아낸 놀라운 사실인데, 노인정은 낮에만 머무는 장소가 아니었습니다.

보통 노인정이라고 하면 낮에 노인분들이 모여 소일하시다가 저녁 때 뿔뿔이 흩어져 자신의 집으로 향하는 그런 곳을 연상하게 되죠? 국민디자인단 역시 그렇게 생각했습니다. 그런데 며칠간 관찰하다 보니 어느 순간 눈에 들어온 것이 한쪽 구석에 포개진 요와 이불이었습니다. 국민디자인단은 이를 낮잠을 잘 때 쓰는 침구일 것이라고 생각했죠. 그런데 낮잠을 청하는 할머니들은 그리 많지 않았고, 낮잠을 주무실 때도 이 요와 이불을 쓰시는 분들은 거의 없었습니다. 이에 의문을 품은 국민디자인단은 어느 하루 날을 정해 저녁까지 남아보기로 했습니다. 그리고 저녁 식사가 끝나자 예상하지 못했던 광경이 펼쳐집니다. 집으로 향하는 할머니들은 안 보이고, 모두 자신의 요와 이불을 들고 오시더니 잠자리를 만든 뒤에 잠을 청하는 것이었습니다.

몇 분의 할머니들이 TV를 보는 가운데 이미 몇 분은 잠자리에 드셨고, 밤이 깊어지자 대부분의 할머니들이 잠자리에 드셨습니다. 왜 할머니들은 자기 집도 아닌 공동생활홈에서 잠을 청할까요? 제가 이 사례를 소개하는 자리마다 청중을 향해 그 이유를 추정해 보라고 하면 다양한 대답이 쏟아집니다.

- 집에 가기 귀찮아서?
- 먼 집까지 거동이 힘들어서?
- 밤에 혼자 자면 외로우니까?

땡! 모두 틀렸습니다. 할머니들이 집에 가지 않고 공동생활홈에 머무는 데는 우리가 전혀 생각하지 못했던, 진정한 욕구가 숨겨져 있습니다. 그게 무엇일까요? 귀찮음? 힘듦? 외로움? 아닙니다. 그보다 훨씬 더 근본적이고 근원적인 욕구입니다.

바로 '혼자 자다가 도움도 청하지 못하고 죽음을 맞고 싶지는 않다'는 욕구인 것이죠.

서두에서 언급했다시피 농림축산식품부가 착수한 프로젝트는 '농촌 지역'의 노인 공동생활홈 환경 개선 사업입니다. 하지만 제가 어느 순간부터인가 '노인'이 아니라 '할머니'들이라고 특정해 이야기하는 걸 깨달으신 분이 있나요? 이처럼 '농촌'이라는 배경context에서 '할머니'라는 고객customer들이 맞닥뜨린 특수한 상황이 있습니다. 바로 대부분의 할머니가 독거노인이라는 점이고, 이분들이 거주하는 집이 이농으로 인적이 드물어진 외진 곳에 있다는 점입니다.

농촌에서 고령자인 할머니들은 대부분 남편을 먼저 사별했고, 자녀들은 도시 등지로 떠난 상태에서 홀로 시골집을 지키며 살게 됩니다. 그리고 이런 환경에서 할머니들은 자연스럽게 '고독사'에 대한 두려움을 품게 됩니다. 실제로 주변에서 겪었을 수도 있고, 심심찮게 보도되는 언론 기사를 통해서일 수도 있고, 아니면 본능적으로 느낄 수도 있죠.

건강이 온전치 않은 상황에서 밤에 잠을 자다가 심장마비 등의 위급 상황이 닥쳤을 때 주변에 도움을 청할 누군가가 없다면, 그로 인해 자신이 사망한 뒤에도 아무도 찾아주지 않는다면 어떨까요. 생각만 해도 끔찍한 일이죠.

이런 공포 때문에 자연스럽게 할머니들은 밤에 혹시라도 위급 상황이 생겼을 때 옆에 소리치거나 건드려서 부를 수 있는 동료들이 있는 곳, 즉 공동생활홈에 자리를 틀게 됩니다. 집에 돌보아 줄 사람이 있거나 옆집으로 소리쳐 도움을 청할 수 있는 도시 지역과는 달리 농촌의 노인정이 낮에만 머무는 곳이 아니라 온종일 함께 생활하는 진정한 공동생활홈으로 바뀌게 된 이유입니다.

그리고 고독사에 대한 공포는 또 다른 진정한 요구로 이어집니다. 2015년 농림축산식품부 국민디자인단은 또 하나의 수단인 현장 심층 인터뷰를 통해 그 진정한 요구를 찾아냈고, 그로 인해 이 답정너 프로젝트는 정해져 있던 답과는 전혀 다른 결론으로 달려가게 됩니다.

4) 할머니들의 속사정은 이런 겁니다

앞서 설명드린 대로 농림축산식품부 국민디자인단은 먼저 할머니들과 자연스럽게 생활하면서 심리적 거리를 좁히는 데 성공합니다. 며칠 지나자 할머니들은 옆에 있는 젊은 친구들에게 자연스럽게 자신의 속내를 풀어놓기 시작했지요. 이런저런 이야기를 하던 중에 할머니 한 분이 다른 할머니의 흉을 보는 장면입니다.

할머니: 저 할매는 사람은 좋은데 밤잠이 너무 없어.
국민디자인단: 무슨 말씀이세요?
할머니: 아, 밤에 자꾸 일어나서 사람들 밟고 다니고, 화장실 가서 불 켜고 소리 시끄럽게 해서 잠 깨우고…….

흔히 들을 수 있는 흉보기 같지만, 서비스디자인 기법에 훈련된 사람들은 이런 일상적인 대화로부터 진정한 요구를 파악해 낼 수 있습니다. 할머니들의 요구를 파악한 디자이너는 다른 할머니들을 만나서 그 요구가 모두에게 해당하는지 확인하기 위해 질문을 던지기 시작합니다. 그럼 이런 이야기들이 나오기 마련입니다.

> 국민디자인단: 밤에 여기서 여럿이 모여서 주무시면 불편하지 않으세요?
> 할머니 A: 불편하지. 나는 자려는데, 할매들이 소리 잘 안 들린다고 TV 크게 켜놓고 화면도 눈부시고.
> 할머니 B: 밤잠이 없는 노인네들이 많어. 나는 아침잠이 많은데 새벽 네 시면 일어나서 쿵쿵대며 돌아다니니 잠을 잘 수가 있나.

결국 국민디자인단은 이런 인터뷰 같지 않은 인터뷰를 통해 할머니들의 진정한 요구를 찾아내는 데 성공합니다. 공동생활홈의 할머니들에게 가장 필요했던 건 바로 '프라이버시'였던 셈이죠.

젊은 사람들은 흔히 프라이버시를 젊은 세대만의 요구로 오해합니다. 그래서 나이 들고 집단적인 생활과 사고에 익숙한 농촌 지역 할머니들은 프라이버시에 대한 요구가 미미할 것이라 생각하기 쉽지만요. 할머니들이라고 왜 자신만의 공간, 남으로부터 수면을 방해받지 않고 싶은 프라이버시에 대한 요구가 없을까요? 다만 그걸 세련된 용어로 표현하지 못하기에 프라이버시를 확보해 달라는 명시적인 요구를 할 수 없었던 것이죠. 더불어 고독사에 대한 공포가 프라이버시에 대한 개선 요구를 압도하기 때문에 불편한 공동생활을 감수하고 있었을 뿐입니다.

5) 우리가 원하는 건 거창한 목욕탕도 식당도 아니오, 그냥 작은 칸막이 하나외다

결국 농림축산식품부 국민디자인단이 찾아낸 할머니들의 진정한 요구는 바로 잠을 청할 때만이라도 개인 공간이 확보되었으면 좋겠다는 것이었습니다. 할머니들은 더 깨끗한 식당이나 몸을 담글 수 있는 소형 목욕탕도 좋지만, 무엇보다 어쩔 수 없이 선택하게 된 이 공동생활에서 최소한 자신만의 공간에서 방해받지 않고 숙면을 청할 수 있기를 무엇보다 갈망하고 있다는 것이었죠.

이를 반영해 국민디자인단이 내놓은 최종 결과물은 이렇습니다(그림1).[1]

- ▹ 기존의 시설 개선 예산 가운데 일부를 떼어내 탁구장에서 쓰는 간이 칸막이를 구입한다.
- ▹ 낮에는 이불과 함께 구석에 보관해 두었다가, 밤이 되면 꺼내 수면 공간을 나누는 칸막이로 사용한다.

국민디자인단이 낸 최종 보고서를 보면 목욕탕 시설 개선, 식당 개보수, 에어컨이나 난방기 구입에 비하면 돈이라고 부르기도 힘든 소액의 예산이 투입되었습니다. 하지만 그 효과만큼은 아마도 앞의 어느 시설 개선 사업보다 탁월했다고 자평하고 있습니다. 왜냐하면 수요자이자 고객인 할머니들이 품은 가장 직접적이고도 절실한 요구가 반영되었기 때문이죠.

현장의 목소리를 들은 국민디자인단의 아이디어 도출로 이렇게 달라졌습니다. 먼저 개인의 프라이버시가 전혀 확보되지 않았던 노인정에 간단한 접이식 칸막이를 마련합니다. 낮에는 기존처럼 공동 공간으로 활용하고, 밤에는 할머니들이 편안히 주무실 수 있도록 칸막이를 설치해 각자의 공간을 확보하는 방안입니다.

그림1. 2015년 농림축산식품부 국민디자인단의 활동 결과물

여기서 묻습니다.

만약 할머니와 할아버지 열 분을 무작위로 선발해 농림축산식품부 회의실에 모아놓고 한 시간 동안 간담회를 진행했다면 프라이버시에 대한 이야기가 나올 수 있었을까요?

만약 설문지 1000장을 마련해 노인정에 돌리며 "다음 중 우리 노인정에 가장 우선적으로 필요한 시설이 무엇이라고 생각하십니까?"라는 질문에 ① 조리기구 ② 소규모 목욕탕 ③ 냉난방기 ④ 기타(_____)라고 항목을 넣었다면 과연 몇 명이나 기타에 '칸막이'라고 적을 수 있었을까요?

국민디자인단, 그리고 서비스디자인이 구현하는 고객 중심의 서비스에 대한 이야기는 여기서 시작됩니다.

이제 서비스디자인의 세계로 들어가 볼 시간입니다. 아, 그 전에 먼저 사용자 경험UX: User Experience이라는 개념을 소개하는 데서 시작해야 할 것 같군요. 사용자 경험에 대한 이해를 통해서만 서비스디자인으로 다가갈 수 있으니까요.

1장

사용자 경험

1. 미술과 디자인의 패러다임 변화

1) 미술을 바라보는 관점의 변화: 조영남, 뒤샹, 그리고 워홀

서비스디자인이라는 개념은 쉽지 않습니다. 서비스는 다들 아시다시피 형태가 없죠. 그런데 우리가 알고 있는 디자인이란 뭔가를 그려내 유형의 '제품'을 만드는 활동입니다. 그러니 서비스를 디자인한다는 말은 언뜻 모순처럼 들립니다.

제가 서비스디자인을 설명드릴 때 자주 드는 예시가 있는데, 좀 생뚱맞게 들리시겠지만 미술계 사례입니다. 가수이자 화가 조영남 씨의 작품 대리 제작 사건 말입니다. 여러 해 동안 큰 논란이 되었고, 오랜 소송 끝에 2020년 대법원 최종 판결로 마무리가 되었죠.

지금도 기억하시는 분이 많겠지만 그 사건을 간략히 설명드릴게요. 조영남 씨가 자신이 콘셉트를 잡은 미술 작품을 자신이 직접 그리지는 않고 다른 화가에게 대리로 그리게 한 뒤에, 자신의 서명을 넣어 자신의 작품으로 판매했습니다. 2016년 그 대필 화가가 자신이 받은 보잘것없는 대가를 고발하면서 세상에 이 일이 알려지고 큰 논란이 되자 검찰은 조영남 씨를 사기 혐의로 기소합니다. 그리고 1심 재판에서는 유죄를 선고받았죠.

그러나 2018년 2심 재판부는 조영남 씨를 무죄로 선고하며 1심의 판결을 뒤집었고, 2020년 대법원은 2심 판결을 확정했습니다. 2심

재판부는 "화투를 소재로 해 표현한 해당 미술 작품은 조 씨의 고유한 아이디어"라며 "대작 화가인 송 모 씨 등은 보수를 받고 조 씨의 아이디어를 작품으로 구현하기 위한 기술 보조일 뿐, 고유한 예술 관념과 화풍, 기법을 그림에 부여한 작가라 평가할 수 없다"라고 판단했는데,[2] 대법원은 2심의 판결을 그대로 받아들였습니다.

2심 무죄 판결 당시 인터넷 포털에 재판 내용을 보도한 어느 기사에는 3000개가 넘는 댓글이 달리기도 했는데요. 누리꾼들 거의 모두가 법원의 판단을 비난하며 조영남 씨가 유죄라고 주장하고 있었습니다. 아마 무죄 보도 당시에 이 책을 읽는 독자분들도 비슷하게 생각하셨을 겁니다. **'남이 그림을 다 그리고 자기는 사인만 했다는데 대체 그게 어떻게 조영남의 작품이 될 수 있어?'**

그런데 조영남 씨의 대작 사건에 대해 법원은 '아이디어'가 중요하며 누가 실제로 '기술'을 활용해 그림을 그렸는지는 부차적이라는 판단을 내리고 있습니다. 아이디어만으로도 미술가로 인정받을 수 있다는 이야기죠.

사실 '실제 미술가의 작업을 거치지 않은, 순전히 아이디어만으로 구성된 미술이 가능한가'라는 논쟁은 이미 100년 전에 서구에서 시작되었습니다. 1917년에 마르셀 뒤샹Marcel Duchamp이라는 작가가 자신이 구매한 남성용 소변기에 'R. MUTT'라는 사인만 넣어서 미술전에 출품합니다. 작품 제목을 〈샘Fountain〉이라고 달고요. 이 작품(?)은 당연히 엄청난 논란에 시달렸고 결국 철거되고 맙니다. 이렇게 어디로인가로 치워진 뒤 원래의 작품은 행방조차 찾을 수 없게 되었고, 이후 작가가 재현한 작품들만 몇 군데에서 전시되고 있습니다.

사람들은 비난을 퍼부었지만, 뒤샹은 자신이 기성품 변기를 미술관에 전시함으로써 사람들이 잊고 있던 기성품 변기의 아름다움을

▎변기는 과연 예술이 될 수 없을까?

애플을 오늘날 세계 최고의 IT 기업으로 만들어낸 주역을 꼽으라고 하면 일반인들은 대부분 고인이 된 스티브 잡스를 이야기합니다. 하지만 디자이너들은 애플의 부사장이자 수석 디자이너였던 조너선 아이브Jonathan Ive가 가져온 혁신적인 디자인이 잡스의 역할 못지않게 중요했다고 평가합니다.

실제 아이브가 디자인한 아이폰의 미려함이 없었다면 아무리 아이폰에 훌륭한 기능이 있었다고 해도 지금처럼 세계 시장을 석권하며 수많은 팬층을 만들 수는 없었겠죠.

그런데 아이브는 애플에 입사하기 전에 세면대, 변기 등을 디자인하는 회사에서 일했습니다. 그러고 보면 아이폰의 미려하고 우아하면서도 단순한 디자인이 뭔가 세면대 같은 도기류와 비슷하다는 생각이 들지 않으시나요? 21세기를 대표하는 디자인이자 디자인을 넘어 예술의 영역으로 들어섰다는 아이폰이 결국 변기에서 영감을 받았다면 뒤샹의 주장도 그리 터무니없는 건 아닌 듯 하군요.

새롭게 인식하게 만들었으므로 자신의 사인이 들어간 예술 작품이라고 주장했습니다. 그로부터 미술의 본질에 대한 엄청난 논쟁이 이어졌고 이후 미술은 결코 그 전으로 돌아갈 수 없었습니다. '손'이 아니라 '머리'에 중심을 두는 현대미술의 콘셉트가 이 작품에 대한 논란을 거치며 확고하게 자리 잡게 된 것입니다.

예술가의 이 손과 머리에 대해서는 좀 더 설명이 필요할 것 같군요. 제가 말한 '손'이란 고전적인 미술에서 중요하게 생각하는 화가나 조각가의 '남다른 기술적 재능'을 의미합니다. 1990년대까지만 해도 우리 미술대학들은 입학시험에서 조각상을 그리는 실기를 필수적으로 요구했습니다. 앞에 놓인 아그리파 조각상을 누가 더 세심하게 연필 데생으로 재현해 낼 수 있는지가 미술대학의 입학 자격을 가르는 기준이었죠. 아마도 제가 말씀드리는 '손'의 기술을 평가하는 가장 극단적인 사례일 겁니다.

손의 반대편에 '머리'가 있습니다. 무엇을 의미하는지 아시겠죠? 아이디어를 말하는 겁니다. 현대미술로 오면서 이제 그림을 잘 그리는 기술은 의미가 없습니다. 누가 더 참신한 방식으로 머릿속에 있는 예술 세계를 표현해 내는지가 중요해진 것이죠. 다소 늦은 감이 있지만 최근의 미술대학 시험에서는 그래서 데생의 비중이 많이 줄어들었습니다. 자신만의 세계를 얼마나 잘 표현해 내는지를 더 중점적으로 평가하죠. 한국 출신의 현대미술가로서 세계적으로 가장 널리 알려진 인물이라면 아마도 고 백남준 작가일 텐데요. 그가 세계적인 작가로 인정받은 이유가 조각이나 그림 실력이 아니라 비디오라는 현대 매체를 미술의 영역으로 불러들인 '아이디어' 덕분이죠.

조영남 씨의 대작 사건에서 법원은 '화투'라는 일상적인 소품을 작품에 활용해 새로운 시각으로 바라보는 아이디어를 낸 조영남 씨가

'고유한 예술 관념과 화풍, 기법을 그림에 부여한' 작가이며, 그것을 그린 사람은 '그 아이디어를 작품으로 구현하기 위한 기술 보조'에 불과하다고 판단한 겁니다. 실제로도 조영남 씨의 그림들은 화투를 그림에 삽입해 '화투 연작'이라 불렸고, 그런 아이디어 덕분에 대중의 인기를 끌었습니다.

조영남 씨의 대작 사건이 논란이 되었을 때, 그를 옹호하는 쪽에서 가장 많이 호출한 작가가 앞에서 언급한 마르셀 뒤샹과 더불어 앤디 워홀Andy Warhol입니다. 뒤샹보다 약 50년 뒤에 뉴욕에서 활동한 그는 팝아트pop art를 선보이며 명성을 얻었는데요. 그가 다룬 팝아트의 요체는 대중에게 익숙한 주제, 예컨대 메릴린 먼로Marilyn Monroe나 코카콜라병 같은 소재를 새로운 방식으로 표현해 이들을 새로운 관점에서 바라보게 만드는 것이었습니다. 여기까지만 보면 기성품을 전시하면서 새로운 시각으로 바라보게 했던 뒤샹과 크게 다를 바 없습니다. 반세기에 가까운 시간이 흐르며 이제 그런 주장이 보편적으로 받아들여지기 시작한 것이죠.

그런데 워홀은 여기서 한 걸음 더 나아갑니다. 소재만 대중적이었던 것이 아니라 생산방식도 대중적인 방식, 즉 자본주의 시대에 맞는 대량생산 체제를 택한 것이죠. 그는 자신의 작업장을 '공장factory'이라 명명한 뒤 제자와 직원 여러 명을 팩토리에 두고 자신이 구상한 작품을 판화로 수없이 찍어내게 했습니다.

뒤샹에서 시작된 현대미술의 관점 변화는 워홀이 대성공을 거두면서 완전히 자리 잡게 됩니다. 미켈란젤로Michelangelo나 김홍도 같은 위대한 미술가가 자신의 혼을 담은 위대한 그림을 홀로 완성하던 예술관은 사라지고, 누가 더 참신한 아이디어를 무기로 자신만의 예술관을 표현하는지를 따지는 아이디어 전시장이 됩니다. 덕분에 현대미술의 세계는 매우 난해해지고, 전시장에 와서도 미술품 자체보다 작품 옆에 붙은 작가의 해설을 더 관심 있게 보거나, 난해한 작품의 아이디어를 잘 해설해 주는 평론이 각광받는 풍경이 펼쳐지게 됩니다. 짧게 잡아도 르네상스 이후 수백 년간 유지되어 온 고전적 미술관이 근본적으로 바뀐 것이죠.

그런데 이즈음에서 다들 의문이 생기실 겁니다.

'서비스디자인 이야기를 한다면서 왜 이렇게 미술 이야기를 길게 늘어놓는 걸까? 대체 이게 서비스디자인과 무슨 관련이 있나?'

그 이유는요. 미술에서 손보다 머리가 중요해지듯, 디자인에서도 이제 손보다 머리, 그리고 추가적으로 발이 중요해지고 있기 때문입니다. 무슨 의미인지는 바로 다음에 설명드릴게요.

2) 디자인을 바라보는 관점의 변화: "지금 네가 하는 게 디자인이냐?"

저는 2년 넘게 국민디자인단 업무를 이끄는 과정에서 여러 서비스디자이너분들을 만나 뵈었습니다. 조금 과장해서 말씀드리자면, 대한민국에서 서비스디자인을 하신다는 분들 가운데 저를 만나보지 않은 경우가 별로 없을 정도입니다. 이분들 중 한 분이 저에게 해주신 이야기입니다. 그분이 어느 날 디자인을 배웠던 대학 은사님을 찾아뵙게 되었는데, 반갑게 인사하는 제자를 향해 노교수님은 잔뜩 마뜩잖은 눈치이셨다는 거예요. 그러시더니 곧 "지금 네가 하는 게 디자인이 맞느냐? 내가 보기에는 디자인도 아닌 걸 하고 있는 것 같아"라는 차가운 말씀이 날아들었다는 이야기였습니다.

이 일화가 보여주듯이, 디자인의 세계에서도 앞서 이야기했던 현대미술의 경우와 같은 근본적인 패러다임의 변화가 일어나고 있습니다. 아직은 전문가들의 영역에서 주로 논의되고 대중에게는 알려지지 않은 부분이 많다 보니 미술계처럼 분위기가 활발하지는 않습니다. 하지만 과거의 디자이너들, 그러니까 이 일화에 나온 노교수님 같은 분들이 하시던 고전적 디자인과는 다르게 서비스디자인으로 대표되는 새로운 디자인 영역이 출현하면서 아주 크고 근본적인 차이가 생겨나는 중이지요.

왜 노교수님이 보시기에 그 서비스디자이너분이 하는 일이 디자인 같지 않았을까요?

서비스디자이너와 기존의 고전적 디자이너의 가장 큰 차이는 아마도 '작업장'에서 찾을 수 있을 겁니다. 고전적 디자이너라고 할 때 많은 분들이 떠올리실 이미지는 감각적인 인테리어를 갖춘 디자인실에서 책상 앞에 앉아 각종 펜이나 자를 들고 그림을 그리는 모습일 겁니다. 요즈음 디자인을 조금 더 아시는 분들이라면 큼지막한 모니터가 보이고 맥 프로 같은 비싼 컴퓨터와 그 속에 설치된 비싼 디자인 툴을 활용해 세심하게 제품을 디자인하고 3D로 모델링하며 이리저리 돌려보는 모습을 떠올리시겠지요. 그런데 이 둘은 디자인실 안에서 책상에 앉아 '손'으로 디자인을 한다는 점에서 근본적으로 다르지 않습니다. 쓰는 도구가 펜과 자에서 첨단 디자인 툴을 탑재한 컴퓨터로 바뀌었을 뿐 디자이너의 작업 환경과 방식은 예전이나 지금이나 디자인실의 책상에서 손으로 진행되어 왔던 것입니다.

그런데 '서비스디자이너'는 더 이상 이렇게 닫힌 공간, 즉 디자인실 안에 머물지 않습니다. 아니, 디자인실에 앉아 책상과 컴퓨터를 붙잡고 있는 서비스디자이너는 디자이너로서 실격입니다. 서비스디자이

그림2. 기존 디자이너(왼쪽) vs. 서비스디자이너(오른쪽)

너는 '발'로 현장을 찾아가야 합니다. 거기서 사람들을 관찰하거나, 직접 체험을 하거나, 인터뷰를 요청해 들으면서 활동합니다. 그리고 참여한 사람들을 모아 포스트잇을 붙여가며 '생각'들을 정리하죠. 앞서 소개해 드린 농림축산식품부 국민디자인단 사례를 떠올려 주세요. 즉, 디자이너라기보다는 현장의 활동가 같은 모습을 보여줍니다(그림 2).[3, 4] 그러다 보니 앞서 말씀드린 노교수님의 눈에는 이 젊은 서비스디자이너가 디자이너로 보이지 않았던 것이죠.

이런 변화는 비단 서비스디자인의 세계에서만 일어나는 것은 아닙니다. 사실 고전적인 제품디자이너들도 이제는 그들이 활동하던 좁은 디자인실에서 벗어나 실제로 제품이 쓰이는 현장으로 향하고 있습니다. **디자이너가 책상에서 벗어나 현장으로 향하면** 어떤 변화가 일어나는지 가장 잘 보여주는 사례를 소개합니다. 케첩의 대명사라고 할 수 있는 하인즈의 케첩병 사례입니다.

3) 하인즈(의 디자이너)는 왜 케첩병을 뒤집었을까?

미국 하인즈의 케첩병 디자인은 1892년, 그러니까 우리로 치자면 조선 시대에 고안되어 무려 100여 년간 변형 없이 쓰이고 있습니다. 아주 잘 만들어진 고전적 디자인의 유리병이죠. 흔히 코카콜라병을 산업디자인의 대표 사례로 드는데, 하인즈의 케첩병도 그 못지않아요. 더할 것도 뺄 것도 없는 깔끔하고 미려한 디자인을 한 세기가 넘는 시간 동안 변함없이 지켜왔지요.

그런데 하인즈 케첩병을 꼼꼼히 살펴보면 어떤 글자가 병목 부분에 새겨져 있는 것을 보실 수 있습니다(그림3).[5] 바로 '57'이라는 숫자입니다. 왜 하인즈의 디자이너들은 여기에 57이라는 숫자를 새겨 넣었을까요? 이 숫자에 무슨 의미가 있을까요?

하인즈에 따르면 이 숫자에 별 의미는 없다고 합니다. 그냥 '57가지 다양한 맛의 케첩을 선보이겠다'는 하인즈의 슬로건이라고 하네요. 더 알아보니 하인즈가 케첩 맛을 그렇게 수십 가지나 만들지도 않았다고 하는데요. 일단 슬로건이라고 하니 57이라는 숫자는 그렇다고 치고, 왜 하필 병목 부분에 새겨 넣었을까요? 여기에 하인즈 디자이너들의 세심한 고민이 담겨 있습니다.

그림3. 하인즈 케첩병 병목 부분의 '57' 숫자 표기

케첩이라는 소스는 다들 아시다시피 매우 걸쭉한(?) 상태죠. 점성이 높아 잘 흘러내리지 않습니다. 병에 담긴 케첩을 음식 위에 뿌리려고 하면 처음 사용할 때는 괜찮지만 많이 쓰고 나서 양이 절반 이하가 된 뒤에는 한참 기울이고 있어야 나오는 터라 여간 불편하지 않습니다. 참고로 하인즈 홈페이지에 올라온 자료를 보면 케첩병에서 케첩이 흘러나오는 속도가 시속 0.045킬로미터(!)라고 하네요.

보통 이럴 때면 케첩병을 뒤집어 들고 바닥 부분을 때리는 경우가 많은데요. 이렇게 하다가 내용물이 왈칵 쏟아져 음식이나 옷을 망치는 난감한 상황을 겪은 사람들도 많습니다.

그래서 하인즈는 어느 부위를 때리면 적절한 양이 나오는지를 연구했다고 합니다. 그 결과 병목 부분을 때리면 왈칵 쏟아지는 것을 방지하면서도 잘 흘러내린다는 사실을 알게 되었고, 구체적인 설명이 없이도 그 부분을 소비자들이 때리게끔 유도할 방법이 무엇일지를 고심하던 중에 그 부분에 숫자를 새겨 넣는 디자인을 채택한 겁니다. 사람들이 이왕이면 뭔가 새겨진 부분을 때리지 않을까 생각한 것이죠. 하지만 대부분의 소비자는 여전히 병을 거꾸로 들고 병 바닥을 때렸습니다. 그러면서 다들 이런 불만을 늘어놓습니다.

"이 병은 대체 왜 이렇게 쓰기 불편한 거야!"

그리고 21세기를 맞이하는 시점인 2001년에 하인즈는 19세기부터 시작해 20세기 내내 사용해 왔던 케첩병 디자인을 근본적으로 바꿉니다(그림4).[6] 너무 파격적으로 바뀌어 이전의 케첩병과 유사점을 찾아보기가 힘들 정도였죠. 한번 보실까요? 뭐가 달라졌는지도 맞추어보시죠.

그림4. 하인즈 케첩병의 신구 디자인 비교

크게 두 가지가 달라졌는데요. 그중 하나는 이 절의 제목을 통해 이미 알려드렸습니다. 바로 앞쪽 페이지를 보시면 답이 있지만, 대부분은 이미 사진만 보아도 아실 겁니다. 제가 강연 등에서 이 사진을 소개할 때 여쭤보면 대부분 이 변화는 쉽게 맞히시더군요. 바로 병의 위아래가 뒤집어진 방향으로 새로 디자인되었다는 것입니다.

여기서 잠깐! 케첩병의 뚜껑이 아래로 가게 뒤집어 보관해야 한다는 것은 어떻게 알 수 있을까요? 이 질문도 쉽게 답을 찾으실 수 있습니다. 라벨이 그렇게 붙어 있으니까요. 디자이너들이 어떻게 하면 소비자들이 병을 뒤집어 보관하도록 만들까 고심하다가 라벨을 뒤집어 붙이는 방법으로 이를 해결한 것이지요.

그럼 두 번째 변화는 무엇일까요? 이건 파악하기가 약간 어렵습니다. 특히 사진만 보아서는 깨닫기 힘들어요. 하지만 실물을 보며 비교하면 금방 차이를 아실 수 있습니다. 최근 하인즈 케첩병을 써보신 분이라면 사진만 보고도 알아내실 수 있겠지요. 바로 재질의 차이예요. 예전의 병 재질은 유리인 반면 2001년부터 바뀐 병은 유연한 연성 플라스틱을 사용합니다. 더불어 병에 새겨진 57이라는 숫자는 사라졌습니다. 더 이상 필요가 없어졌으니까요. 왜 필요가 없어졌을까요? 더 읽어보시면 나옵니다.

이 두 가지 디자인의 변화가 가져온 장점은 무엇일까요?

우선 뚜껑이 밑을 향해 보관하게 되면서 케첩이 적게 남았을 때 훨씬 쓰기가 편해집니다. 앞에서 언급한 대로 예전 디자이너들은 케첩이 얼마 남지 않았을 때 잘 나오지 않는 문제를 해결하기 위해 57이라는 숫자를 새겨 넣었습니다만, 그보다 훨씬 쉬운 방법은 처음부터 병을 뒤집어 보관하는 것입니다.

실제로 집에서 어머니들이 참기름같이 점성이 높아 끈적한 양념을 병에 보관할 때 양이 얼마 남지 않으면 뒤집어 보관하는 것을 보셨을 거예요. 디자이너들은 많은 관찰과 사용을 통해 이런 생활의 지혜를 파악하고 아예 처음부터 뒤집어 보관하도록 모양을 바꾸었습니다.

병 재질을 플라스틱으로 바꾼 이유도 비슷합니다. 역시 앞에서 언급한 것처럼 유리병에 담긴 케첩은 잘 나오지 않다가, 흔들거나 때리면 왈칵 쏟아져 적정량 이상이 음식에 쏟아지는 치명적인 약점이 있었지요. 하지만 재질을 연성 플라스틱으로 바꾸고 나니 손으로 짜서 원하는 양만큼 쓸 수 있게 되었습니다. 가령 집에서 어머니들이 아이들에게 오므라이스를 만들어줄 때 케첩으로 하트 그림을 그려주는 식으로 시각적으로도 훨씬 좋은 효과를 낼 수 있지요.

이런 디자인의 혁신은 디자이너들이 과거처럼 디자인실에 머물지 않고 소비자가 제품을 사용하는 현장에 가서 직접 관찰하고 사용해 보면서 가능해진 것입니다. 케첩병을 뒤집어 보관하는 어머니들의 지혜를 직접 보았거나, 내용물이 잘 나오지 않아 병을 흔들거나 때리다가 케첩을 쏟아 음식을 망치는 경험을 겪었기에 가능해졌죠.

하지만 100년 넘게 유지해 온 디자인을 뒤집는다는 건 쉬운 결정이 아니었습니다. 실제 2001년 바뀐 디자인의 제품이 발매되었을 때, 우아한 병 디자인을 기괴하게 망쳤다며 예전 병을 찾는 소비자들이 많았다고 합니다. 그러나 시간이 흐르면서 점점 더 많은 소비자가 압도적으로 우수한 사용자 경험을 제공하는 새로운 디자인의 케첩병을 선호하게 되었지요. 이후 20년 가까운 시간이 지난 현재 미국 시장에서 하인즈의 유리 케첩병은 극히 일부 매장이나 온라인 특별 주문으로만 구할 수 있게 되었습니다.

하인즈의 케첩병 혁신 사례는 디자이너가 조그만 디자인실에 머물며 각자의 머릿속에 있는 디자인을 구현하는 것이 아니라, 직접 현장에 가서 고객들이 원하는 것이 무엇인지를 관찰과 경험을 통해 파악하고 그로부터 디자인하는 것이 새로운 흐름임을 보여줍니다. 바로 사용자 경험 중심의 디자인 패러다임입니다. 다음 절에서는 사용자 경험과 그로부터 파생되는 서비스디자인에 대해 좀 더 알아보겠습니다.

사용자 경험 UX: User Experience

보통은 UX라는 말로 줄여 쓰는 경우가 많습니다. 한때는 디자인이나 공학 분야에서만 쓰는 용어였는데요. 스티브 잡스가 아이폰을 통해 사용자 경험의 일대 혁신을 이룬 뒤에는 점차 일반 대중 사이에서도 폭넓게 쓰이게 되었습니다.

UX에 대한 자세한 설명은 조금 뒤에서 다룰 예정인데요. 이 책의 주제인 고객 중심 행정에서 가장 중요한 요소가 바로 UX입니다. 우리말로는 '사용자 경험', '이용자 경험', '소비자 체험' 등으로 다양하게 번역되는데, 이 책에서는 사용자 경험으로 표현하고자 합니다.

✔ 덧붙이기

현장 경험에서 나온 하인즈의 또 하나의 혁신,
드라이브인 전용 일회용 케첩

하인즈가 현장의 관찰과 경험을 통해 만들어낸 또 하나의 아이디어 상품을 소개합니다. 바로 햄버거 등을 파는 가게에 가면 흔히 접하게 되는 일회용 케첩 용기죠. 여기 두 종류의 일회용 케첩 용기가 있습니다(그림5). 사진에서 오른쪽은 한국의 패스트푸드 가게에서도 자주 보는 일회용 케첩입니다. 보통 위쪽의 한구석에 뜯어내라고 표시된 부분을 잘라낸 뒤 감자튀김에 발라 먹거나, 식판 위의 종이에 짜낸 뒤 찍어 먹죠. 쓰는 데 크게 불편하지 않습니다.

그런데 미국의 패스트푸드점은 우리와는 환경이 좀 다릅니다. 드라이브인drive in 매장이 별로 없는 우리와는 달리, 미국은 대도시 지역을 제외하면 거의 모든 매장에 드라이브인 시설이 설치되어 있습니다.

vs.

그림5. 하인즈의 일회용 케첩 용기 비교

고객이 매장에 들어오지 않고 차에서 주문한 뒤 받아 차를 타고 사무실이나 집에 가서 먹거나, 아예 차 안에서 식사를 해결하는 경우가 많아요. 그런데 차에서 식사하는 경우 사진 오른쪽과 같은 일회용 케첩 용기는 골치 아픈 문젯거리가 됩니다. 차 안에는 케첩을 짜놓을 공간이 없는 것은 물론이고, 뜯어두면 새어 나오는 일회용 케첩을 놓아둘 공간도 없거든요.

2011년에 하인즈의 디자이너들은 직접 차를 몰고 드라이브인으로 햄버거를 주문한 뒤 감자튀김을 먹는 경험을 하면서 이런 문제를 인지하고 새로운 디자인의 일회용 케첩 용기를 내놓습니다. 사진 왼쪽의 평평한 플라스틱 케이스에 담긴 일회용 케첩입니다. 평평한 바닥이 생기면서 케첩을 차의 컵 받침대나 다른 평평한 공간에 내려놓고 감자튀김을 찍어 먹을 수 있게 된 것이죠.

더불어 하인즈의 디자이너들은 대부분의 고객이 매장에서 일회용 케첩을 1인당 두 개 이상 가져간다는 점도 관찰을 통해 발견합니다. 미국 패스트푸드점들은 케첩 등의 양념류는 점원이 챙겨주는 게 아니라 한쪽에 쌓아두고 고객이 알아서 가져가게 하거든요. 감자튀김 한 봉지를 찍어먹기에 케첩의 양이 턱없이 모자라다는 사실을 파악한 것이죠. 매장에서 먹을 때는 부족하면 다시 와서 가져가면 그만이지만 다시 돌아오기 힘든 드라이브인 주문인 경우에는 문제가 됩니다. 그래서 하인즈는 드라이브인 전용 케첩의 양을 대폭 늘립니다. 왼쪽 제품을 보면 위쪽에 '세 배 많은 케첩3X MORE KETCHUP'이라는 표현이 적혀 있지요. 이 역시 디자이너가 현장에 가보지 않았다면 나올 수 없었을 아이디어입니다.

2. 사용자 경험

1) 소비의 시대에서 경험의 시대로

서비스디자인이라는 화두를 설명하려면 사용자 경험 이야기를 하지 않을 수 없습니다. 21세기를 대표하는 개념을 뽑아보라고 하면 네트워크, 연결, 유비쿼터스, 개인화 등 여러 가지가 거론됩니다. 하지만 많은 이가 그중에서도 경험, 체험experience을 21세기를 대표하는 가장 중요한 개념으로 꼽고 있으며, 저 역시 이에 동의합니다.

'체험'이나 '경험'이라는 개념이 21세기의 화두라면, 이에 앞선 20세기의 화두는 '소비', 그것도 대량 소비mass consumption였습니다. 인류는 20세기에 들어서면서 역사상 처음으로 대량 소비에 필요한 3대 시스템을 갖추게 되었습니다.

- ▹ 대량생산 체계를 갖춘 공장
- ▹ 대량생산된 제품을 유통하는 고속의 교통수단
- ▹ 대량생산된 제품을 소비자에게 전달하는 대형 상점

사람들은 이 세 가지 시스템이 가져다준 편리함에 열광했습니다. 과거에는 경험할 수 없었던 대량 소비를 마음껏 즐기게 되었고 생활양

식도 이전과 완전히 달라졌습니다. 자동차를 몰고 대형 상점을 오가고, 상점과 극장을 연계하는 등의 방법으로 엔터테인먼트 산업이 급속히 발전했고, 현금 없이도 상품을 살 수 있는 신용카드와 같은 금융 수단이 개발되는 등 생활양식이 크게 변화했지요.

그런데 21세기에 들어서면서 소비에 대한 생각이 점차 바뀌기 시작합니다.

이미 소비사회가 수십 년간 지속된 선진국들에서부터 사람들이 서서히 '똑같은 상품을 똑같은 매장에서 반복적으로 사는 것'에 싫증을 느끼기 시작합니다. 그리고 뭔가 남들과는 다른 방식으로 나만의 '경험'을 하기를 원하게 됩니다. 온라인 세상에서건 실제 현실에서건 이제는 남들과 같은 것을 사고 쓰고 입고 먹기보다는 더 근사하고 더 기억에 남는, 그리고 소셜 미디어를 통해 남에게 자랑하거나 과시할 수 있는 새로운 경험을 원하기 시작했지요.

이에 따라 사용자 경험을 증진시키는 것이 소비자를 상대하는 모든 기업의 화두가 되었습니다. 매장을 하나 만들어도 다른 매장에 들어섰을 때와는 다른 느낌을 줄 수 있어야 소비자들이 지갑을 엽니다. 레스토랑을 열 때도, 늘 먹는 메뉴를 늘 보는 인테리어의 식당에서 먹는 게 아니라 전혀 새로운 공간에서 새로운 요리를 먹을 수 있다는 소문이 퍼져야 장사가 됩니다. 이 장소는 다른 곳과는 뭔가 다른 느낌을 준다는 이야기가 나와야 사람들이 몰리기 시작합니다.

장소 이야기가 나온 김에 사용자 경험과 관계된 사례를 몇 가지 들어보겠습니다.

먼저 서울의 강남역 얘기를 해보죠(그림6).[7] 강남역 주변 거리를 걷는 일은 그리 유쾌한 경험이 못 됩니다. 일단 사람들이 너무 많은데다가 버스를 기다리는 사람들의 줄이 섞여 보행을 방해합니다. 여기에 차량이 밀리면서 내는 경적 등 소음이 심해 동행자와 대화하기도 어렵죠. 덧붙여 이 거리의 매장들은 대개 고층 건물 1층의 거대한 로비에 입점해 있어 사람들이 부담 없이 들어가기에 어딘가 위압적인 느낌을 줍니다.

반면에 인근의 가로수길은 찻길이 좁아 차량이 많이 다니지 않는 데다 저층 건물에 작은 매장들이 옹기종기 모여 있어 지나가면서 사람들이 매장 안에 부담 없이 들어갈 수 있습니다. 이른바 '뜨는 거리'들인 이태원, 홍대앞, 성수동, 더 넓게 보면 전주 한옥마을, 군산 옛 시가지 등은 모두 이와 유사한 입지 조건을 보유하고 있습니다. 차가 많이 다니지 않는 골목길, 가정집을 개조한 아기자기한 매장 같은 특징을 공유한다는 이야기입니다.

그림6. 서울 강남역 야경

서울 강남역은 국내 최대의 유동 인구를 자랑하지만 길가 매장들은 생각만큼 장사가 잘되지 않습니다. 그런데 10년 전만 해도 한산한 동네 길이었던 인근의 가로수길은 지금 최고의 핫 플레이스가 되었습니다. 왜일까요?

그다음은 부산의 감천문화마을입니다(그림7).[8] 이곳이 유명해진 이유는 '사진 찍기'란 경험에 가장 적절한 장소이기 때문입니다. 소셜 미디어가 대중화되면서 사람들은 블로그, 트위터, 페이스북 등에 자신이 경험한 곳의 사진을 올리기 시작했습니다. 감천문화마을은 비록 산동네에 허름하고 오래된 집들뿐이지만 질서 정연하게 지어지고 예쁘게 페인트를 칠한 덕분에 '사진이 매우 잘 나오는 곳'으로 소문이 나며 유명해지게 되었습니다.

그림7. 부산 감천문화마을 전경

부산의 대표 관광지라면 마천루와 기나긴 백사장을 자랑하는 해운대를 많이들 떠올립니다. 하지만 그와 정반대 조건인, 교통도 불편하고 얼핏 보기에는 그냥 산동네일 뿐인 감천문화마을이 젊은 이들에게 또 하나의 명소가 되고 있습니다. 왜일까요?

마지막으로 서울 스타필드 코엑스몰입니다(그림8).[9] 과거에 코엑스몰의 내부는 아주 복잡했습니다. 더불어 인근에 더 화려하고 다채로운 상점들을 갖춘 대형 몰들이 생겨나며 고객을 빼앗기고 있었지요. 이 두 문제를 목이 좋은 지점에 도서관을 설치하면서 동시에 해결합니다. 즉, 도서관이 복잡한 내부에 길잡이 역할을 하면서 동시에 사람들이 시간을 보낼 공간을 제공한 것이죠. 자연스럽게 코엑스몰을 방문하는 행위가 '길을 잃고 복잡함에 짜증을 내는' 불쾌한 체험에서 '쇼핑과 더불어 독서도 하는' 유쾌한 경험으로 바뀌게 됩니다.

그림8. 서울 스타필드 코엑스몰 별마당 도서관

서울 강남구 코엑스몰은 2017년 가장 목이 좋은 중심부의 매장들을 철수시키고 거대한 도서관을 만들었습니다. 언뜻 무모한 시도로 보였지만, 도서관을 설치하기 전까지 고전을 면치 못하던 코엑스몰은 이후 방문객 수와 매출이 급증하고 있습니다. 어떤 이유일까요?

그림9. 블루보틀 매장(왼쪽)과 애플 매장(오른쪽)

그럼 국내 말고 해외 사례도 한번 들여다볼까요? 2019년 미국의 블루보틀 커피가 한국에서 1호점을 내며 큰 화제를 모은 바 있습니다. 개장 전날 밤부터 줄이 만들어졌고 입장하는 데 세 시간이 넘게 걸렸다고 하죠. 호사가들은 대체 블루보틀 커피가 흔히 마시는 스타벅스 커피와 뭐가 그리 다르다고 몇 시간씩 줄을 서느냐며 입방아를 찧기도 했습니다. 하지만 블루보틀의 성공은 커피의 맛보다는 스타벅스와 대조되는 블루보틀만의 경험을 제공해 주는 데 있습니다.

흔히들 블루보틀을 '커피계의 애플'이라고 부릅니다. 그런데 '왜' 블루보틀이 애플에 비유되는지 물으면 '프리미엄 브랜드 전략'이라거나 '최근에 급성장한 업체' 등 유사점으로 막연하게 추정합니다. 한국에 매장이 없었으니까요. 그러나 애플과 블루보틀 매장이 많은 미국에서 보면 금방 그 유사점을 알 수 있습니다.

사진에서 왼쪽은 워싱턴 D.C.의 블루보틀 매장이고 오른쪽은 스페인 사라고사의 애플 매장입니다(그림9).[10, 11] 어떠세요? 두 곳 다 전형적인 애플과 블루보틀 매장 스타일인데 언뜻 보기에도 매우 비슷하죠? 흰색 벽, 밝은 원목 가구, 최소한의 장식과 나머지 여백, 상점

그림10. 스타벅스 매장(왼쪽)과 베스트바이 매장(오른쪽)

이름은 없는 대신에 푸른 병과 사과 모양의 로고만 걸려 있는 것까지 말이죠.

그럼 이 업체들과 경쟁하는 대표적인 매장들을 한번 볼까요? 앞에서도 언급한 스타벅스와 미국의 대표적인 가전 양판점인 베스트바이입니다(그림10).[12, 13]

앞의 매장들과 비교하면 일단 '복잡'하죠? 매장 명칭을 비롯해 내부에 이런저런 글자도 많고, 진열품도 쌓아 올려서 좀 번잡하다는 느낌을 줍니다. 여기에 전체적으로 밝은 느낌의 애플이나 블루보틀 매장과는 달리 다소 어두운 느낌이 들죠. 매장에서 느끼는 경험에 차이가 날 수밖에 없습니다.

그런데 이런 매장 인테리어의 차이 위에 서비스 경험의 차이가 더해집니다. 그 경험 차이란 무엇일까요? 같은 커피 전문점인 블루보틀 매장과 스타벅스 매장의 카운터를 비교해 보시죠(그림11).[14, 15]

먼저 왼쪽의 블루보틀 매장을 보시면 카운터가 낮고 투명하게 개방되어 있습니다. 손님이 드립 커피를 주문하면 맞은편의 담당 바리스타가 자신이 마실 커피를 내리는 모습을 볼 수 있어요. 커피를 좋아

그림11. 블루보틀 매장 카운터(왼쪽)와 스타벅스 매장 카운터(오른쪽)

하는 고객이라면 커피 내리는 광경을 바라보며 바리스타와 이야기를 나눌 수도 있죠. 실제로 블루보틀 매장에서는 손님과 직원이 이야기를 나누는 모습을 쉽게 볼 수 있습니다. 고객 입장에서 커피 한 잔을 받아도 뭔가 대접받는 기분이 듭니다.

대조적으로 오른쪽의 스타벅스 매장은 카운터가 비교적 높은데다 커피 머신 등으로 사실상 시선이 막혀 있습니다. 왼쪽 카운터에서 주문하고 나면 내가 마실 커피가 만들어지는 모습은 볼 수 없고, 오른쪽으로 비켜서 호출을 기다리다가 만들어진 커피를 가져갈 뿐입니다. 당연히 바리스타와 이야기를 나누는 것도 불가능합니다. 즉, 스타벅스가 제공하는 경험은 일반적인 패스트푸드점에서의 경험과 비슷합니다. 주문, 대기, 완제품의 수령이라는 기계적인 서비스죠. 반면 블루보틀이 주는 경험은 친밀함입니다.

여기에 더해 많이 알려진 사실이지만 블루보틀 매장에는 전원 콘센트와 와이파이가 없습니다. 순수하게 커피와 같이 온 이들에게 집중하라는 의미죠. 사무를 처리하거나 공부를 하기 위해 방문하는 커피숍과는 전혀 다른 경험을 하게 만들죠.

이런 고객 경험, 사용자 경험의 차이를 이해하지 못하면 왜 고객들이 일반 매장보다 비싼 가격을 기꺼이 치르며 블루보틀이나 애플 매장을 줄지어 찾는지를 이해할 수 없습니다. 바로 다음에 말 그대로 21세기의 화두가 된 사용자 경험이라는 개념이 어떤 역사를 거쳐 출현하고 중요한 화두로 대두되었는지를 간단히 살펴보겠습니다. 다시 한번 애플이 등장할 겁니다. 사용자 경험이라는 개념은 애플과 떼어놓고 생각할 수 없으니까요.

2) 윈도 vs. 아이폰: 사용자 인터페이스 vs. 사용자 경험

사용자 경험이라는 개념이 화두가 되기 이전에 먼저 사용자 인터페이스user interface라는 말이 많이 논의되었습니다. 사용자 인터페이스라는 표현이 전문가의 영역에서 벗어나 일반 대중에게도 널리 익숙해진 계기가 바로 여러분도 기억하시는 1995년의 윈도95 출시입니다(그림12).

윈도 이전에 사용하던 도스라는 컴퓨터 운영체제는 텍스트 화면상에서 키보드만을 써서 프로그램(앱)을 실행하고 정보를 입력했습니다. 매우 답답한 사용자 인터페이스였죠. 그런데 윈도는 마우스라는 새로운 입력장치와 이에 최적화된 그래픽 사용자 인터페이스GUI: Graphic User Interface를 도입합니다. 키보드로 굳이 모든 것을 입력하지 않아도 마우스로 원하는 아이콘을 찍어 두 번 클릭하면 프로그램이 실행되는 당시로서는 그야말로 사용자 인터페이스의 혁명이었습니다.

저는 이 책을 MS워드라는 프로그램으로 작성했습니다. 도스에서

❙ 인터페이스Interface

인터페이스는 외래어입니다. 우리말 표현을 찾지 않고 외래어를 그대로 가져다 쓴다는 건 번역하기 어려운 용어라는 의미죠. 사람과 도구tool를 연결해 주는 부분part, 방식method, 절차protocol 등을 가리키는 용어입니다.

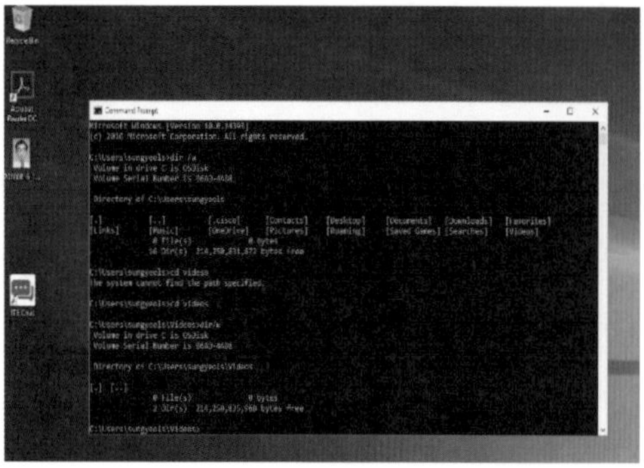

vs.

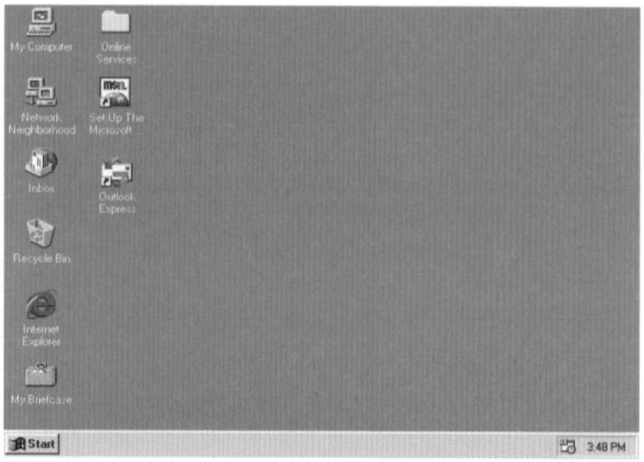

도스가 아직 윈도에 남아 있다는 사실을 아시나요? 윈도 왼쪽 아래의 시작 메뉴에서 명령 프롬프트(command prompt)라는 프로그램을 찾아보세요. 도스 명령어를 입력할 수 있는 화면이 나옵니다. 사진상의 검은 화면에서 보실 수 있듯이 모든 명령어를 키보드로 입력하는 불편하기 짝이 없는 방식이었죠.

최초의 윈도는 아니지만 일반 대중에 가장 널리 보급되었고, 오늘날의 윈도를 있게 한 윈도95입니다. 20년이 넘는 시간이 지났지만 왼쪽 아래의 시작 메뉴, 바탕화면에 배치된 아이콘 등은 최신 버전의 윈도와도 그리 다른 게 없음을 아실 수 있습니다. 윈도95가 얼마나 잘 설계된 사용자 인터페이스였는지를 말해주죠. 옆에 보이는 깜깜한 도스 화면에 익숙했던 당시 사람들에게 윈도의 인터페이스는 가히 혁명이었습니다.

그림12. 도스 vs. 윈도95

MS워드를 실행하려면 'msword'가 있는 폴더를 키보드로 일일이 타이핑해서 찾아 들어간 다음 프로그램명인 'msword'를 다시 키보드로 입력해야 했습니다. 반면에 윈도는 폴더 이름을 타이핑할 필요 없이 마우스를 움직여 바탕화면에 깔린 아이콘을 더블클릭해 실행시키는 아주 손쉬운 방법을 도입합니다. 파일을 지울 때도 이전에는 'delete'라는 명령어를 쳤지만, 윈도는 삭제할 파일을 마우스로 집은 다음 끌어서drag 휴지통에 집어넣으면drop 되는 매우 직관적인 사용자 인터페이스를 설계했죠. 사실 사용자 인터페이스는 아주 오래전에 인류가 도구라는 걸 처음 만들 때부터 존재해 왔습니다. 그리고 잘 만들어진 인터페이스는 사람들의 보편적인 요구를 아주 잘 반영하며, 그렇기 때문에 긴 생명력을 보여줍니다.

그런 좋은 예로 시대와 공간을 불문하고 보편적으로 모든 칼에는 칼날과 손잡이 부분이 있다는 것을 들 수 있습니다. 칼을 만드는 대장장이(이자 디자이너)는 사용자가 날카로운 칼날 부분을 잡으면 다치므로 손으로 칼을 잡을 수 있게끔 날카롭지 않은 부분을 두어야 한다는 것을 경험상 압니다. 더불어 칼이라는 도구는 매우 위험하므로 손으로 잡는 부분은 칼을 놓치지 않도록 미끄러운 금속보다는 마찰력이 좋고 열을 잘 전달하지 않는 재질로 감싸야 한다는 것도 고려하게 됩니다. 이리하여 금속 칼날과 다른 재질의 손잡이로 구성되는 보편적인 칼의 사용자 인터페이스가 어느 지역에서나 공통적으로 자리 잡게 되었고, 오랜 세월을 거쳐 오늘날까지도 변화 없이 유지되는 것이지요.

사용자 '인터페이스'가 윈도를 통해 보편적인 용어가 되었다면, 사용자 '경험'이라는 용어를 디자인의 세계를 넘어 일반인의 생활 속에 자리 잡도록 만든 제품이 있습니다.

바로 윈도의 아버지 빌 게이츠Bill Gates의 일생의 라이벌 스티브 잡스Steve Jobs가 2007년 내놓은 아이폰입니다(그림13).[16]

아이폰을 통해 핀치 줌pinch zoom(손가락 둘을 움직여 화면을 확대하거나 축소하는 기술)이나 핑거 스크롤finger scroll(손가락을 화면에서 훑어 화면이 상하좌우로 움직이게 하는 기술) 같은, 오늘날 보편화된 사용자 인터페이스가 자리 잡았습니다. 무엇보다 아이폰이 기존의 스마트폰들과 차별화된 것은 과거와는 전혀 다른 사용자 경험을 주었기 때문입니다. 그 전까지는 뭔가 쓰기 불편하며 크고 거추장스러워 극소수 비즈니스 종사자들의 전유물이었던 스마트폰이 아이폰의 등장과 더불어 사용자의 일상생활 속 경험을 바꾸거나 대체하면서 대중의 열광적인 반응을 이끌어내게 됩니다.

그림13. 스티브 잡스의 2007년 아이폰 소개 프레젠테이션

아이팟iPod

윈도와 유사하게 애플에게도 사용자 '인터페이스'의 혁신 사례가 있습니다. 바로 아이팟입니다. 이제는 거의 쓰지 않지만 다들 기억은 하실 아이팟은 MP3 플레이어였죠. 컴퓨터를 바꾼 윈도와 마찬가지로 기존 MP3 플레이어의 불편한 인터페이스를 혁명적으로 바꾸어 시장의 폭발적인 반응을 이끌어냈고, 이후 아이폰이 성공할 수 있는 기반을 닦은 기기입니다.

사실 세계 최초의 MP3 플레이어는 한국에서 개발되었습니다. 하지만 아이팟이 원조를 넘어 세계시장을 장악한 건 윈도와 마찬가지로 직관적이고 아주 쓰기 쉬운 사용자 인터페이스를 채택했기 때문입니다. 다른 MP3 플레이어는 CD 플레이어의 인터페이스를 그대로 가져와 화살표 키로 노래를 선곡했습니다. 많아야 십여 곡 중 선곡하는 CD 플레이어에서는 이런 인터페이스가 문제되지 않았으나 수백, 수천 곡을 찾을 때는 불편했죠. 반면 아이팟은 휠wheel을 채택해 수백 곡을 순식간에 건너뛸 수 있는 선곡 인터페이스로 시장을 평정합니다.

이후 아이팟에서는 또 한 번의 혁명적인 사용자 인터페이스가 채택됩니다. 화면을 손가락으로 쓸면 앨범 사진이 넘어가는 커버플로cover-flow죠. 앨범을 넘기는 실생활에서의 경험을 화면상에서 직관적으로 구현한 이 커버플로는 그야말로 열광적인 반응을 얻어냈습니다. 이것은 아이폰에 손가락으로 화면을 넘기는 듯한 직관적인 인터페이스를 도입하는 시금석이 되었지요.

특히 앱스토어는 아이폰이 제공한 가장 혁신적인 사용자 경험입니다. 단순한 전화기를 넘어서 일상생활에서 필요한 다양한 도구를 대체하는 수많은 앱이 생겨났고, 사람들은 아이폰을 완전히 **개인화된 생활기기**로 사용하기 시작합니다. 무슨 말이냐 하면, 전 세계에 수억 대의 아이폰이 있지만, 아이폰을 쓰는 방식이 같은 사람은 단 한 명도 없다는 이야기입니다. 어떤 이는 아이폰을 운동 보조 기구로 쓰고, 어떤 이는 친구들과의 커뮤니케이션 도구로 쓰고, 어떤 이는 게임을 하는 도구로 씁니다. 새로운 사용자 경험을 창출해 낸 것이지요.

여기서 의문이 생길 수 있습니다. **왜 윈도는 사용자 인터페이스의 혁신이고 아이폰은 사용자 경험의 혁신이죠? 둘 다 직관적이고 다양한 인터페이스를 제공했고, 윈도 역시 누구나 개인화시켜 각각 다르게 사용하고 있잖아요? 혹시 저자 당신, 이른바 '애플 빠' 아니나요?**

지적은 맞습니다. 하지만 저는 애플 애호가는 아닙니다. 집에 애플 제품이 하나도 없어요.

윈도와 아이폰의 가장 큰 차이는요. 윈도는 컴퓨터라는 특정 기기의 사용자 환경을 바꾸었을 뿐, 사용자에게 컴퓨터라는 기기로 가능한 다른 형태의 경험을 많이 제공하지 않습니다. 반면에 아이폰은 통화의 도구였던 이동전화를 완전히 다른 경험의 도구로 바꾸어놓았죠.

아이폰을 처음 소개했던 스티브 잡스의 2007년 프레젠테이션을 보죠. 이제는 전설이 된 이 프레젠테이션에서 잡스는 먼저 혁신적인 스마트폰을 만들었다고 선언합니다. 그다음에는 혁신적인 뮤직 플레이어, 즉 다음 세대 아이팟을 만들었다고 소개하죠. 마지막으로 그는 손안에 들어오는handheld 새로운 인터넷 접속 장치를 만들었다고 이야기합니다.

청중의 열광이 최고조에 다다를 무렵 잡스는 전화기, 뮤직 플레이어, 인터넷 접속 장치를 번갈아 가며 이야기하다가, "그런데 이 셋은 별개의 장치가 아닙니다. 아시겠습니까? 아이폰을 소개합니다"라고 외칩니다.

잡스의 통찰력이 대단한 점은 아이폰의 가장 획기적인 차별성이 핀치 줌이나 핑거 스크롤 같은 사용자 '인터페이스'의 혁신에 있는 게 아니라 이제까지 개별 장치들이 제공하던 '경험'을 통합적으로 제공하는 사용자 경험의 통합과 혁신이라고 보고 이를 중심에 두고 소개했다는 데 있습니다. 물론 잡스 역시도 아이폰과 이후의 스마트폰들이 그가 제시한 세 가지를 넘어서는 훨씬 다양한 사용자 경험의 통합 도구로 발전하리라고는 예측하지 못했지만요.

아이폰 이후 사용자 경험이라는 개념은 모든 디자이너의 화두가 됩니다. 어떻게 하면 멋지고, 매력적이며, 쓰기 좋고, 잘 팔릴 디자인을 만들지가 사용자 인터페이스 시대 디자이너들의 고민이었다면요. 디자인이 사용자 경험을 어떻게 바꿀 수 있을지, 어떻게 새로운 경험으로 빠져들게 할 수 있을지, 어떻게 만족스러운 경험으로 이끌 수 있을지가 현 시대에 사용자 경험을 만들어내야 하는 디자이너들의 고민거리가 되었죠. 그리고 이런 사용자 경험은 이름이 보여주듯이 디자인실 책상에서는 결코 나올 수 없습니다. 앞서 말씀드린 대로 디자이너가 사무실을 박차고 바깥세상으로 나와 사용자와 소비자들을 만나야 가능하죠.

3) 사용자 경험은 디자인을 근본부터 바꾼다

사용자 경험을 적용하는 디자인은 디자인한 제품 자체만을 생각하지 않습니다. 그 제품을 사용하는 사람이 어떤 경험을 하게 되는지를 생각하죠. 제가 강연할 때마다 자주 인용하는, 디자인이 사용자 경험을 좌우해 버린 재미있는 사례를 들어보겠습니다.

2017년 아카데미상 시상식에서 발생한 해프닝을 기억하는 분이 계시려나요? 시상식 당일 해외 토픽난을 장식한 것은 수상자나 작품 이야기가 아니라 바로 시상식장에서 벌어진 사고 소식이었습니다. 그도 그럴 게 다른 것도 아닌 맨 마지막에 발표하는 가장 중요한 상인 작품상을 잘못 호명하는 바람에 엉뚱한 이들이 시상대에 오르는 사고가 있었으니까요.

이날 작품상 시상은 할리우드의 노배우 워런 비티Warren Beatty와 페이 더너웨이Faye Dunaway가 맡았습니다. 1967년 작 〈우리에게 내일은 없다Bonnie and Clyde〉의 남녀 주인공들이니 정말로 원로 배우들이죠. 이들이 뭔가 실수를 저지른 걸까요? 그건 아닙니다.

시상식 장면입니다. 박수를 받으며 무대에 선 비티와 더너웨이. 비티가 대표로 작품상 봉투를 받았는데 어쩐지 당황해하며 발표하지 않고 있었어요(그림14).[17] 동료의 어색한 모습을 본 더너웨이가 봉투를 넘겨받았고 곧바로 작품상으로 〈라라랜드La La Land〉를 호명합니다. 이어서 당연한 수순으로 〈라라랜드〉 제작진이 무대에 올라와 상을 받고 수상 소감을 말하기 시작하지요.

그림14. 2017년 아카데미상 시상식에서 작품상 시상을 맡은 워런 비티(오른쪽)와 페이 더너웨이(왼쪽)

하지만 곧이어 비티가 왜 당황하며 수상작

을 발표하지 못했는지가 밝혀집니다. 비티가 받은 수상작 봉투는 작품상 시상 직전에 진행된 여우주연상 봉투가 시상식 진행 스태프의 실수로 무대로 다시 전달된 것이었어요. 황급히 스태프가 올라와 수상작을 〈문라이트Moonlight〉로 정정했지만 이미 분위기는 엉망이 되어버린 뒤였습니다. 무대 위에는 〈문라이트〉와 〈라라랜드〉의 제작진이 뒤엉켜 있었고 사회자, 비티, 더너웨이 모두 어떻게 수습해야 할지 몰라 허둥지둥하는 가운데 시상식이 끝나버렸죠.

여기서 의문점이 하나 생기실 겁니다. "아니, 여우주연상 수상자 봉투가 실수로 전달되었다고 해도 어떻게 작품상 영화명으로 발표가 된 거죠?" 문제의 수상작 발표지를 보여드리면 의문이 좀 풀리실 것 같군요(그림15).[18]

직접 보니 어떠신가요? '엠마 스톤Emma Stone'이라는 배우 이름이 먼저 나오니까 비티가 당황한 것도 이해할 수 있지요. 하지만 더너웨이가 별 의심 없이 〈라라랜드〉라고 발표해 버린 이유도 이해하실 수 있을 겁니다. 어디에도 이것이 여우주연상 발표지라는 것을 알려주는 정보가 보이지 않으니까요. 사실 실눈을 뜨고 좀 더 자세히 보면 발표지 맨 아래에 아주 작은 글씨로 적힌 '여우주연상Best Actress'을 발견하실 수 있습니다. 하지만 아카데미상 시상식의 하이라이트인 작품상 시상을 맡아 긴장한 상태인 두 노배우에게 이 작은 글씨가 순간적으로 눈에 들어오기를 바라는 것은 무리겠죠. 그래서 이런 대형 사고가 발생하고 만 겁니다.

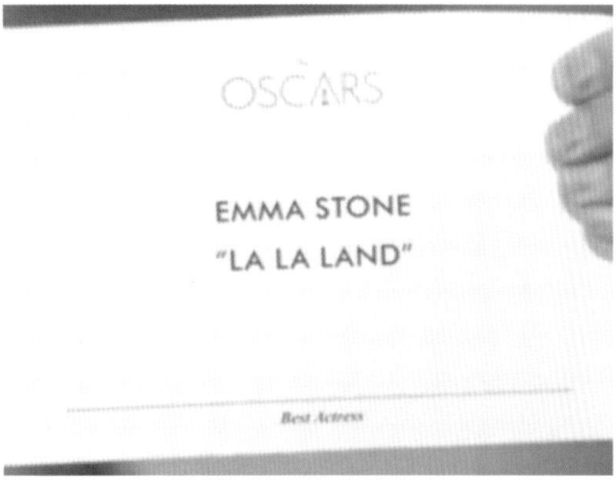

그림15. 2017년 아카데미상 시상식에서 작품상 시상자들에게 잘못 전달된 여우주연상 발표지

그럼 원래의 발표지를 만든 디자이너는 왜

그림16. 2005년 발매된 애플의 아이라이프 05와 마이크로소프트의 디지털 이미지 2006 제품 포장 비교

굳이 이런 착오를 부를 가능성이 높은 디자인을 했을까요?

디자이너들은 보통 글자로 대표되는 정보를 가능한 줄이고 싶어 합니다. 굳이 넣어야 한다면 가급적 통일성 있게 디자인하려고 하지요. 통일성이 깨지고 정보가 많아지면 미적 감각을 발휘하기 힘들어지니까요.

이렇게 글자를 줄이고 여백을 부각시키는 디자인은 앞서 언급한 스티브 잡스와 조너선 아이브가 애플에서 유행시킨 것입니다. 또 한 번 애플과 마이크로소프트를 비교할 시점이 되었네요. 비슷한 시기에 출시된 애플과 마이크로소프트의 제품 포장을 각각 비교해 봅시다(그림16).[19] 한쪽은 여백을 적절하게 두면서 간결하게 디자인한 반면에 다른 쪽은 제품 포장에도 굉장히 많은 글씨와 이미지를 넣어 디자인했습니다. 디자인을 잘 모르는 사람의 눈에도 애플은 깔끔하지만 마이크로소프트 쪽은 조잡해 보입니다.

이런 지적이 계속되었는지 최근 들어 마이크로소프트 역시 애플을 벤치마킹해 매우 간결하게 패키징 디자인을 하고 있습니다. 매장 디자

그림17. 애플 매장(왼쪽)과 상당히 유사한 마이크로소프트 매장(오른쪽)

인도 앞서 소개드렸던 애플 매장과 비슷한 느낌으로 간결하고 아름답게 만들고 있습니다(그림17).[20]

이렇게 일반 대중을 상대로 판매를 목적으로 하는 디자인은 미적 감각이 중요합니다. 이뻐야 잘 팔리죠. **그러나 특정 목적, 특정한 대상을 위해 디자인할 경우에는 이야기가 달라집니다. 이쁜 게 능사가 아닙니다.**

다시 아카데미상 시상식 해프닝으로 돌아가 보죠. 첫째 아카데미상 시상식이라는 실수가 있으면 안 되는 중요한 무대에서, 둘째 나이 든 시상자에게, 셋째 수상자나 수상작의 명칭을 알아보기 쉽게 제공하는 게 발표지 디자인의 핵심 목적이겠죠. 미적 감각을 발휘하는 게 목적이 아니라는 겁니다. 좋은 디자인은 사용자에게 최대한 정확하게 정보를 전달하고 실수를 예방하도록 만들어져야 합니다. 여백을 많이 넣고 글자 크기를 작게 한다거나 정보의 중요도를 간과하고 정돈된 폰트와 여백으로 아름답게만 보이는 것이 목적인 일반적인 디자인 이론을 적용해서는 곤란하다는 이야기입니다.

잠시 서울 시내버스 차체의 노선 안내 표시를 보고 가시죠(그림

그림18. 서울 시내버스 노선 안내 표시 비교

18).[21] 왼쪽이 과거의 디자인이고 오른쪽이 2018년 10월에 바뀐 디자인입니다. 여백을 키우고 글자 크기를 줄였어요. 모양은 더 좋아졌을 수 있습니다. 그러나 버스가 다가올 때 버스 번호나 노선을 알아보는 게 목적인 버스 안내 표시의 디자인으로는 개선이 아니라 명백히 '개악'이죠. 관련 기사들을 보니 민원이 많아 결국 원래대로 되돌리는 모양입니다.

이처럼 사용자 경험에 기반한 디자인은 디자이너가 아닌 **'사용자의 관점'**이 고려되어야 합니다.

누가 어떤 목적으로 이 제품을 사용할지를 고려한 다음에 그에 맞추어서 디자인하는 것이 전통적인 디자인이 중시해 온 '매혹적이고 아름다운' 디자인보다 중요해진다는 의미입니다. 사용자 경험에 중점을 둔 디자인은 디자인의 콘셉트 자체를 바꾸지요.

또 하나 예를 들어보죠. 한국의 양대 인터넷 포털인 다음과 네이버는 모두 야구 중계 서비스를 제공합니다. 그런데 두 서비스의 선수별 기록을 보면 재미있는 차이가 눈에 띕니다.

2019년 4월 24일 두산 베어스의 경기 결과 중 선수별 기록을 두 포털에서 가져왔습니다(그림19).[22] 정수빈 선수는 5타수 3안타, 대

타자 기록

선수명	타수	안타	타점	득점	홈런	볼넷	삼진	타율
정수빈	5	3	2	0	0	0	0	0.319
김대한	0	0	0	0	0	0	0	0.000
페르난데스	5	1	1	0	0	0	1	0.407

vs.

경기 중계　　경기 결과　　하이라이트

두산	타수	안타	타점	득점	홈런	삼진	사사구	타율
정수빈	5	3	2	0	0	0	0	0.600
김대한	0	0	0	0	0	0	0	0.000
페르난데스	5	1	1	0	0	1	0	0.200

그림19. 인터넷 포털들의 야구 선수별 기록 비교

주자로 타석에 들어서지 않은 김대한 선수는 기록이 없고, 호세 페르난데스 선수는 5타수 1안타를 기록했군요. 그런데 마지막에 있는 '타율' 수치를 보세요. 두 포털이 전혀 다르죠?

가령 정수빈 선수 타율은 왼쪽이 0.319이고 오른쪽은 0.600입니다. 페르난데스도 왼쪽은 0.407이고 오른쪽은 0.200입니다. 왜 그런지 아시겠어요? 야구를 좋아하는 분이라면 금방 깨달으셨을 겁니다. 왼쪽은 그날 경기 결과를 포함해서 4월 24일까지의 정수빈 선수의 누적 타율(0.319)을, 오른쪽은 그날 경기 당일의 타율(5타수 3안타 = 0.600)을 기록한 것이죠. 김대한 선수의 경우 0.000으로 똑같지만 사실 전혀 다른 이야기입니다. 왼쪽은 김대한 선수의 '올 시즌' 타율이 0.000이라는 것이고, 오른쪽은 경기 당일 김대한 선수가 0타수 0안타이니 0.000이라는 것이죠.

이 기록을 찾아볼 사용자가 주로 '야구를 좋아하는 이'들이라는 점에서 어느 쪽이 제대로 된 디자인인지는 명백합니다. 야구팬들에게는 페르난데스 선수가 오늘 5타수 1안타로 당일 타율이 0.200이라는 정보가 중요한 게 아니라 당시 4할이 넘는 타율로 리그 1위를 달리던 페르난데스가 오늘 5타수 1안타로 비교적 부진했는데 그럼 시즌 타율이 얼마로 떨어졌는지(0.407)를 알고 싶은 것이니까요.

이 모든 사례가 보여주는 것을 요약하면 딱 한 문장으로 정리됩니다. **사용자 경험 디자인은 사용자들의 관점에서 만들어집니다.**

당연하게 들릴 수 있으나 이 당연한 이야기가 굉장히 많은 변화를 불러옵니다. 그리고 그 변화는 민간이나 상업 영역뿐만 아니라 공공부문에서 오히려 더 큰 함의와 가능성을 보여줍니다. 앞으로 펼쳐질 장들에서 다룰 주제입니다. 이제 본격적으로 서비스디자인 이야기를 풀어놓을 시간이네요.

✔ 덧붙이기

이쁘면 전부일까? 직접 경험한 호텔 샤워기 디자인 사례

이 샤워기는 제가 해외 출장 중에 어느 호텔에 묵을 때 방 욕실에 설치되어 있던 것입니다(그림20).[23] 굳이 사진으로 찍어 남긴 이유는 제가 이 샤워기 탓에 곤욕을 치렀거든요. 뜨거운 물을 뒤집어쓰고 가벼운 화상을 당한 바 있습니다.

저는 시력이 좋지 않습니다. 근시에 난시가 겹쳐서 안경을 벗으면 가까운 곳의 물체를 형태만 겨우 분간하는 정도죠. 그런데 보통 샤워실에 들어갈 때는 안경을 벗고 들어가게 되잖아요. 안경이 없는 상황에서 이런 막대 모양의 샤워기를 들고 물을 틀었는데 예상치 못한 방향에서 뜨거운 물이 쏟아져 나와 피할 겨를 없이 경미하나마 화상을 입게 된 겁니다. 안경을 벗은 상태에서는 사면이 똑같이 생긴 샤워기의 대체 어느 면에서 물이 나오는지 잘 보이지 않았습니다.

앞서 아이폰을 디자인한 조너선 아이브 이야기를 하면서도 잠깐 언급했지만요. 화장실의 샤워기, 세면대, 변기 등 각종 도기 모양의 설비는 디자이너들이 미적 감각을 뽐낼 만한 분야입니다. 막대 모양의 샤워기도 우리가 보통 쓰는 동그란 모양의 샤워기와 비교하면 분명 세련되고 아름답지요. 하지만 저처럼 눈이 좋지 않은 사람의 입장에서 한 번이라도 샤워기를 사용해 보고 디자인했다면 아마도 이런 디자인을 채택하지는 않았을 겁니다.

안타깝게도 이날 이후 또 다른 출장을 가서 비슷한 모양의 샤워기를 다시 만났습니다. 미적 감각만 고려한 호텔들의 잘못된 판단이죠.

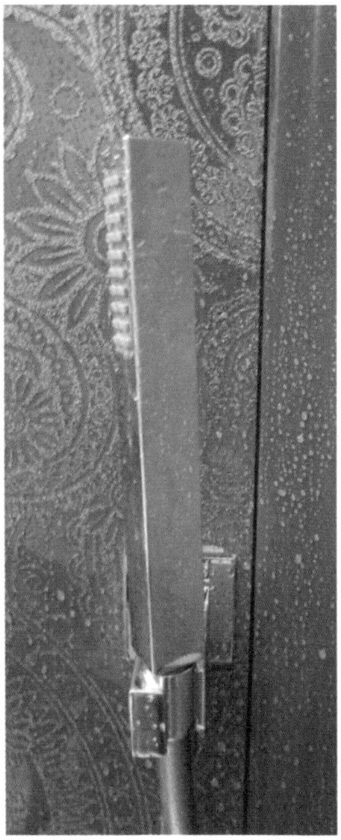

그림20. 막대 모양의 호텔 샤워기 디자인

2장

서비스디자인

1. 사용자 경험에서 서비스디자인으로

1) 무형의 서비스를 어떻게 디자인할 것인가: 암트랙과 아이데오의 사례

서비스디자인이라는 개념은 이해하기 쉽지 않습니다. 서비스는 다들 아시다시피 형태가 없죠. 그런데 우리가 알고 있는 디자인이란 뭔가를 그려내서 유형의 제품을 만드는 활동입니다. 그러니 앞서 언급한 것처럼 무형의 서비스를 디자인한다는 건 흡사 모순처럼 들립니다.

사실 서비스디자인이라는 개념이 자리 잡은 것도 그리 오래전이 아닙니다. 불과 20년도 되지 않았죠.

서비스디자인의 선구자이자 가장 앞서나가는 회사로 흔히 언급되는 미국의 디자인 회사 아이데오는 2001년 기념비적인 프로젝트를 수행합니다. 2000년에 새롭게 출범한 미국 최초의 고속철도인 아셀라의 디자인을 개선해 고객들의 만족도를 높여달라는 프로젝트를 맡은 것입니다.

여기서 잠시 배경 설명이 필요합니다. 미국은 예전부터 철도 교통이 고전해 온 나라입니다. 거대한 대륙 국가다 보니 대중교통이 촘촘하게 발달하지 못해 사람들이 가까운 거리는 차량으로, 먼 거리는 비행기로 이동하는 것을 당연하게 여깁니다. 항공청이 교통부와 별개의 부처로 존재할 정도로 항공의 수송 분담률이 큽니다. 반면 철도는 소요 시간에서는 비행기를, 편리함에서는 자동차를 이기기 어려운

아이데오IDEO와 디 스쿨d.school

아이데오는 서비스디자인 분야에서 선구적인 회사일 뿐 아니라, 산학협동을 통해 미래의 서비스디자이너를 키워내는 데도 선구적인 역할을 맡고 있습니다.

아이데오의 경영자인 데이비드 켈리David Kelly는 2004년 명문 스탠퍼드 대학교에 디자인 대학원 디 스쿨d.school(정식 명칭은 '하소 플래트너 인스티튜트 오브 디자인')을 설립합니다.

디 스쿨은 아이데오의 서비스디자인과 그 바탕이 되는 디자인 싱킹을 선구적으로 도입해 학생들을 가르쳤는데요. 그 덕분에 짧은 역사에도 불구하고 기존의 전통적인 디자인 학과들과 차별화에 성공하며 현재 미국 최고의 디자인 대학원으로 자리매김하고 있습니다. 아이데오의 실무진이 직접 와서 강의하기도 하고, 아이데오와 디 스쿨 간의 산학협동 프로젝트를 구성해 서비스디자이너를 길러내는 요람이 되고 있지요.

구조예요. 그래서 승객보다 주로 석탄 등 물류 수송에 활용되고 있죠.

이런 상황을 타개하고자 미국의 공공 철도 회사 암트랙은 1990년대부터 시간 면에서 조금이나마 경쟁력을 보인 고속철도 도입을 추진합니다. 마침내 2000년에 북미 동부의 주요 도시들을 연결하는 미국 최초의 고속철도 아셀라를 야심차게 도입합니다만, 첫 1년간 운영한 결과는 대규모 적자였습니다.

이에 암트랙은 세계 최고의 디자인 회사 중 하나인 아이데오에게 철도가 발달한 유럽을 벤치마킹해서 고객을 끌어와 달라는 과제를 맡깁니다. 생각건대 유럽의 장거리 철도처럼 객실을 훌륭하게 바꾸어 열차 여행의 만족도를 높이면, 자동차를 몰고 장거리를 가는 피로나 비행기의 불편한 탑승 수속과 좁은 좌석이 주는 불쾌한 경험과 비교해 강점이 있으리라고 본 것입니다.

그런데 아셀라 고속철도 프로젝트를 맡은 아이데오는 객실만 훌륭하게 디자인하면 사용자 경험이 증진되고 고객을 끌어올 수 있을지 의문을 품었습니다. 그리하여 주어진 과제 범위를 벗어나 사용자 경험이라는 접근 방식에서 보다 본질적인 해결 방안을 찾고자 했죠. 이들이 채택한 방법은, 이 책을 처음부터 읽어오신 분들이라면 이제 짐작하시겠죠? **디자이너들을 역에 보내고 기차에 태워 직접 관찰하고 체험토록 하는 것이었습니다.** 아이데오의 디자이너들은 직접 역에 가서 표를 사서 여행을 하고, 이 책의 처음에 나온 노인정 사례처럼 역이나 기차 안에서 고객들을 관찰하거나 그들의 이야기를 들었습니다.

이런 과정을 거쳐 아이데오가 암트랙에 제시한 최종 결과물은 객실 설계 도면이나 멋진 청사진이 아니었습니다. 암트랙의 고객 서비스 접점을 하나하나 짚고, 해당 서비스들의 문제점을 분석한 뒤 이를 전면적으로 바꾸라는 일종의 보고서였죠. 손으로 그리는 그림이 아니

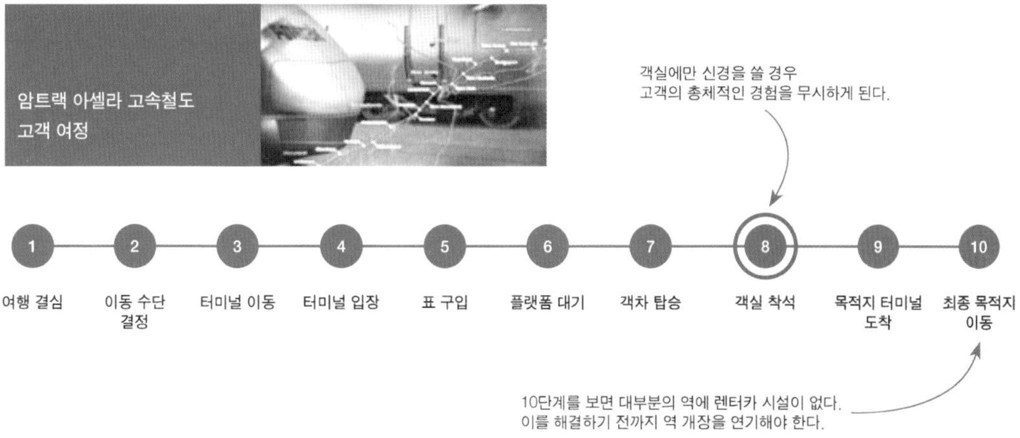

그림21. 암트랙 아셀라 프로젝트의 고객여정맵

라 발과 머리에서 나온 아이디어로 무형의 서비스를 개선하는 서비스 디자인이 탄생하는 순간입니다.

아이데오는 최종 보고서에 고객여정맵customer journey map이라는 새로운 개념을 제시합니다. 이후 서비스디자인의 금과옥조가 된 고객여정맵은 실제로 고객이 해당 서비스를 이용하는 단계별로 서비스의 순서도를 작성하고 분석합니다. 아셀라 프로젝트의 고객여정맵은 모두 10단계로 구성됩니다(그림21).

아셀라 고객여정맵을 찬찬히 살펴보죠. 고객은 1단계로 갈 곳을 정하고, 2단계로 무슨 교통수단을 사용할지를 정합니다. 기차로 결정이 나면 3단계로 역으로 이동합니다. 4단계에서 역 안에 들어서고, 5단계로 매표소에서 표를 사죠. 6단계는 플랫폼에서 기차를 기다리고, 7단계에 탑승합니다. 그리고 8단계까지 들어서야 비로소 원래 이 프로젝트의 목적이었던 기차 객실에서의 경험이 나옵니다.

9단계로는 종착역에 도착하고, 10단계로 역에서 나와 다시 목적지를 찾아가는 경험으로 총 10단계의 고객 여정이 마무리됩니다. 이런 10단계 중 고객은 단 한 단계에서만 불쾌한 경험을 겪어도 기차 여행 전체를 불쾌한 고객 경험으로 여기고 다시 비행기나 자가용 이용으로 돌아갈 수 있지요. 객실이 아무리 훌륭한들 말입니다.

일례로 집에서 역으로 가는 교통편(3단계)이 불편하다거나, 역에 내려서 최종 목적지까지 가는 길(10단계)이 불편하다면 아무리 객실이 호화로워도 그 기차 여행은 불쾌한 체험이 됩니다. 표를 사는 줄이 길거나 매표소를 찾기 힘들다면(5단계) 이 또한 마찬가지입니다. 플랫폼(6단계)에 지붕이 없어 비를 맞는데 기차가 연착되어 계속 기다려야 한다면요? 끔찍한 경험이 되죠.

앞서 설명한 것처럼 열차나 비행기에서 내린 다음에 최종 목적지까지 갈 때 대중교통이 나쁜 미국에서는 보통 렌터카를 이용합니다. 그래서 공항이나 역 주차장에 렌터카를 세워놓고 빌려주는 시설이 거의 반드시 있습니다. 그런데 아셀라는 도입 시점에 일부 역에 렌터카 시설을 준비하지 못했습니다. 10단계가 불쾌한 경험이 된 겁니다. 특히나 마지막 여정이 나쁘게 끝나면 아무리 앞의 여정이 만족스러워도 좋은 평가를 받기 힘들죠.

결과적으로 이 프로젝트에서 아이데오가 내린 결론은 눈에 보이는 디자인인 객실 디자인만으로는 부족하다는 것이었습니다. 고객과의 접점이 되는 여정 단계별 서비스를 모두 고객의 관점에서 유쾌한 체험이 되도록 디자인해야 고객에게 훌륭한 사용자 경험을 제공할 수 있고 경쟁력을 갖출 수 있다는 주문이지요.

아이데오가 수행한 아셀라 프로젝트는 무형의 서비스가 디자인의 영역으로 들어오게 된 기념비적인 순간이었습니다.

✔ 덧붙이기

어느 광역시 기차역에서의 경험

아셀라 프로젝트 사례를 보면 국민디자인단 업무를 하면서 출장을 자주 다녔던 모 광역시의 기차역이 생각납니다. 안타깝게도 나쁜 방향으로요. 사용자 경험이 아주 불쾌하거든요. 기차를 타고 와서 ○○역에 내리면 버스나 택시를 타는 곳까지 아무런 지붕도 없는 통로를 5분 이상 걸어야만 합니다. 혹서기나 혹한기 또는 비나 눈이 올 때 이렇게 한참 걸어가다 보면 벌써 기분이 나빠지기 시작합니다.

그다음에도 문제가 있습니다. 큰길의 양쪽으로 택시 승강장이 있는데 저와 같은 외지인들은 어느 쪽에서 택시를 타야 원하는 방향으로 갈 수 있는지 알 방법이 없습니다. 그냥 택시를 잡아탔는데 반대 방향일 경우 택시는 한참 돌아가야 하고, 택시 기사님들이 "왜 반대편에서 타지 않고 이쪽에서 탔느냐"라며 승객에게 불만을 늘어놓기 십상입니다. 제가 겪은 경험이기도 합니다. 그래서 안내하시는 봉사자분들이 택시 승강장 근처에 계시기는 합니다만, 그분들도 바빠서 모두에게 도움을 드리기는 어렵습니다. 저는 이럴 때마다 왜 상세한 탑승장 안내판을 만들지 않는지, 혹은 어느 쪽에서 타도 금방 차를 돌릴 수 있게 승강장을 별도로 설계하지 않는지 궁금할 때가 많았습니다. 아주 간단한 서비스디자인인데 말이죠.

✔ 덧붙이기

텍사스주 휴스턴 국제공항의 사용자 경험 개선 사례[24]

저는 강연에서 사용자 경험을 설명할 때 텍사스주 휴스턴 국제공항 사례를 소개하고는 합니다. 공무원을 대상으로 강연할 때는 청중의 반응이 워낙 없어 공무원 교육기관은 흔히 강사들의 무덤으로 불리는데요. 그렇게 조용하게 듣기만 하는 공무원들도 휴스턴 국제공항 사례를 접하면 다들 한마디씩 던지시죠.

예전 휴스턴 국제공항의 가장 큰 골칫거리는 도착한 뒤 짐이 나올 때까지 시간이 너무 오래 걸린다는 것이었습니다. 공항 이용객들의 불만이 많은 부분이었지요. 그런데 이를 해결하기 위해 공항 경영진이 내놓은 아이디어가 그야말로 기발했습니다. 돈은 한 푼도 들이지 않고 실제로 고객들의 대기 시간을 줄였으니까요. 무엇이었을까요?

답은 간단합니다. 비행기를 짐 찾는 곳에서 기존보다 더 먼 곳에 위치한 출구로 옮겨 세운 겁니다! 비행기 출구에서 짐 찾는 곳까지 오는 시간이 길어졌고 그만큼 짐 찾는 곳에서의 대기 시간은 줄어들었습니다(그림22).[25]

이 해법(?)을 말씀드리는 순간 수많은 이의제기가 쏟아집니다. "사기 아닌가요?", "조삼모사 같은데 무슨 개선?" 등등. 그러나 이제까지 말씀드린 사용자 경험의 측면에서 판단해 봅시다. 이 해결책은 결국 '짐을 기다리는 경험'을 '공항을 걷는 경험'으로 대체한 것이라고 볼 수 있겠죠? 이 두 경험을 한번 비교해 봅시다.

첫 번째, 공항을 걷는 경험입니다.

일단 상쾌합니다. 길게는 열 시간 넘게 비행기에 갇힌 채 몸도 제대로 못 움직이다가 두 다리를 쭉 펴고 걷게 되니까요. 덧붙여 공항

그림22. 미국 텍사스주 휴스턴 국제 공항의 짐 찾는 곳

의 통로를 걷는 건 꽤 즐거운 경험입니다. 외국어 간판, 특색 있는 지역 인테리어 등 낯선 지역에 도착했다는 느낌을 받거나, 반대로 먼 곳에서 마침내 고향에 돌아왔다는 걸 인식하게 해주는 첫 관문이니까요.

두 번째, 짐을 기다리는 경험입니다.

긴 비행으로 피곤한 상황에서 내 짐은 언제 나오나 신경을 곤두서야 하니 피곤이 더해집니다. 옆 사람과도 자꾸 부딪치게 되고요. 딱히 앉아 있을 자리도 없습니다. 무엇보다 빨리 공항을 빠져나가 새로운 방문지나 아니면 그리운 내 집에 가고 싶은데 대기라는 경험이 그걸 방해합니다. 이 경험은 길어지면 길어질수록 최악이 되죠.

그러니 이 둘을 바꾼 건 명백한 사용자 경험의 개선이 맞습니다. 조삼모사요? 아닙니다. 같은 걸 아침과 저녁에 숫자만 바꾸어서 주는 것이 조삼모사인데, 이건 서로 다른 경험을 바꾼 것이니까요.

2) 서비스디자인은 어떻게 만들어지는가

이제까지 사례들을 소개하면서 서비스디자인이 실제 이루어지는 과정은 어느 정도 다루었습니다. 여기에 구체적인 이론이나 방법에 대해서는 추가 설명이 필요하겠죠.

서비스디자인에는 몇 가지 정립된 이론이 있고 꽤 정교한 방법론도 개발되었습니다. 다만 이 책의 목적이 이론을 이해시켜 전문가를 육성하는 것이 아닌 만큼 너무 자세한 내용을 설명드리는 건 적절치 않다고 생각합니다. '고객 지향적'이어야 한다는 이 책의 핵심 메시지는 책 자체에 대해서도 예외가 아니지요. 책의 독자가 누구인지를 생각하고 고객의 눈높이에 맞는 서술이 필요한 이유입니다.

서비스디자인의 세부 이론에 관한 내용은 이 분야의 전문가 강의를 들어보시거나 책 마지막에 소개해 드리는 참고 서적을 읽어보시기를 권해드리며 여기서는 최소한의 설명만 드리고자 합니다. 이해를 돕기 위해 각 단계별로 책의 서두에 소개했던 '노인 공동생활홈 환경개선 사업'을 예시로 들겠습니다.

(1) 더블다이아몬드 모델

서비스디자인에서 가장 중요하게 여기는 겁니다. 어떻게 서비스디자인 혹은 디자인 싱킹design thinking을 수행하는지를 순차적으로 규정한 방법론 모델이지요.

먼저 문제와 대안에 대한 다양한 아이디어를 탐색Discover합니다. 그다음으로 펼쳐놓은 아이디어들이 적절한지를 각각 검증하면서 수를 줄여나가 진짜 문제, 즉 고객의 숨겨진 진정한 요구를 정의Define합니다.

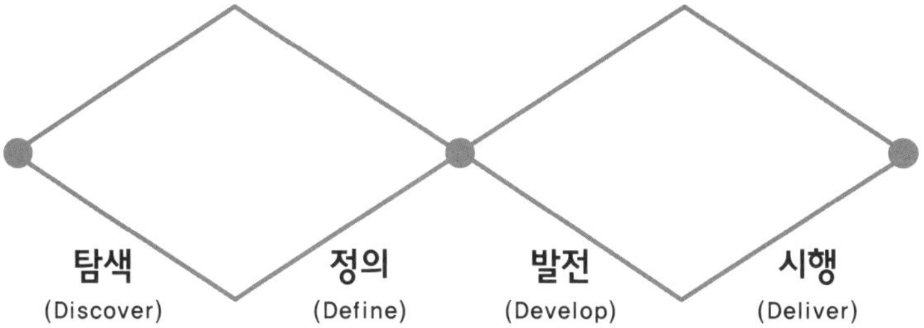

그림23. 전형적인 더블다이아몬드 모형

문제가 정의되면 그다음으로 문제와 관련된 해결책들을 다시 한번 펼쳐놓습니다. 다양한 방식으로 해법을 발전Develop시키는 것이죠. 마지막으로 이렇게 발전된 해결책들 가운데 최적의 대안을 묶어내 최종 결과물로 시행Deliver합니다.

네 개의 'D'로 시작하는 단어로 규정되는 이 모델은 문제 정의를 위해 다양한 아이디어를 펼쳤다가 진정한 요구로 수렴되고, 다시 그 요구에 대한 해결책들을 다양한 방법들로 발전시켰다가, 최종적인 하나의 대안으로 수렴시키는 모습이 다이아몬드Diamond 두 개로 보인다고 해서 더블다이아몬드라고 불립니다(그림23, 24).[26]

여러분의 이해를 돕기 위해 더블다이아몬드 모델을 적용해 '장애인의 금융기관 사용 편의도를 높이는' 서비스디자인을 해봅시다. 다음은 실제 2017년에 금융위원회가 수행했던 서비스디자인입니다.

첫째, 장애인이 금융 서비스를 이용할 때 불편을 겪을 가능성이 있는 부분들을 탐색합니다. 모든 서비스 고객, 즉 시각장애인, 청각장애인, 지체장애인이 서비스 접점, 즉 온라인뱅킹, 실제 은행 매장, 현금인출기 등에서 서비스를 받는 여정을 그려냅니다. 앞의 아셀라 프로젝트에서 보았던 이용자별 고객여정맵을 그리는 것이지요.

둘째, 서비스를 디자인해야 할 부분을 도출하는 정의 단계로 넘어

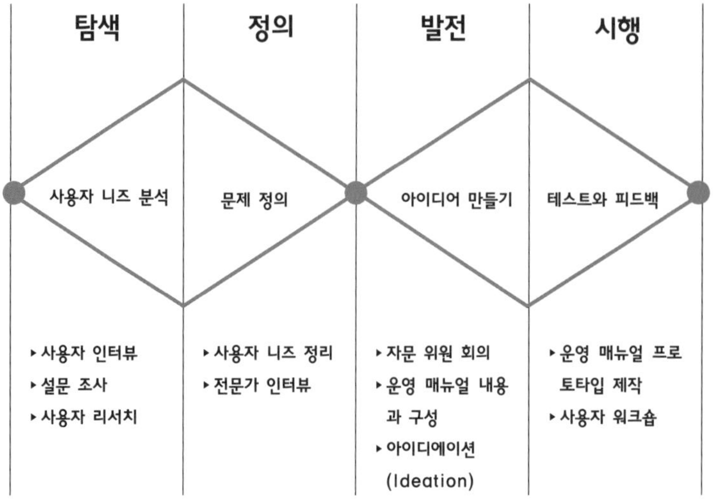

그림24. 국민디자인단 매뉴얼(엠와이소셜컴퍼니 제작) 중 더블다이아몬드 부분 발췌

갑니다. 고객여정맵을 보고 서비스에서 사용자가 가장 불편해할 부분을 찾아냅니다. 진정한 요구가 무엇인지를 파악해 내는 것이죠. 예를 들어 여기서는 시각장애인이 온라인뱅킹을 사용할 때나 지체장애인이 직접 은행을 방문할 때 겪게 되는 불편함을 개선하는 것으로 문제를 정의합니다.

셋째, 정의된 문제에 대한 해결책을 발전시킵니다. 직접 체험하거나 관찰을 통해 시각장애인이 온라인뱅킹을 어떻게 하면 쉽게 이용하도록 바꿀 수 있는지, 휠체어에 탄 지체장애인이 은행 매장을 찾을 때 불편을 줄일 방법은 무엇인지 찾아내는 과정입니다.

넷째, 찾아낸 해결책들 가운데 최적의 조합을 골라 대안을 제시하고 시행함으로써 모든 서비스디자인 과업이 마무리됩니다.

이런 더블다이아몬드 이론, 더 나아가 서비스디자인과 디자인 싱킹은 비판보다는 다양성을 강조합니다. 무언가를 비판하는 대신에 다양한 아이디어를 가급적 넓게 펼쳐서 그중 가능한 대안을 도출하는,

보다 유연하고 열린 사고가 더블다이아몬드, 더 나아가 디자인 싱킹의 요체입니다.

최근 경영학에서 디자인 싱킹이 각광받는 이유도 여기에 있습니다. 기존 경영학의 근간이 되는 비판적·분석적 사고critical thinking는 논리에 기반을 두어 대안을 만들고 이에 대한 '비판적인 검토'를 통해 최적의 대안만 남겨 시행하는 방식을 의미합니다. 그런데 이는 전부 내부적인 검토일 뿐이며 이 모든 과정에서 가장 중요한 '고객'이 빠졌다는 치명적인 약점이 있습니다. 이런 약점 탓에 최고의 엘리트들이 모여 완벽한 분석에 기반해 상품을 기획했는데 시장에 내놓았더니 고객이 원하는 것과는 거리가 멀어 외면당하는 사례가 수없이 등장하는 것입니다.

그런 반면 최근 들어 '논리'가 아닌 '감성', '공급자'가 아닌 '수요자', '비판'이 아닌 '수렴'에 기반한 디자인 접근 방식이 속속 등장하고 있습니다. 새로운 방식을 통해 만들어진 제품과 서비스가 성공을 거두는 사례가 자주 보이죠. 호텔 대신 개인의 집을 빌려주는 것을 중계하는 서비스인 에어비앤비가 대표적인데, 이 회사의 창립자들은 대부분 디자이너 출신입니다. 명문대 경영대학원 출신의 경영자나 공대를 나온 엔지니어 없이 디자이너들이 고객의 관점에서 접근한 이 서비스 기업은 대성공을 거두었고, 이후 디자인 싱킹은 경영학의 새로운 총아로 떠오르고 있습니다.

사실 에어비앤비가 처음 등장했을 때 호텔 업계의 엘리트들은 이 사업 모델을 비웃었다고 합니다. '대체 누가 자기 집을 여행객에게 빌려주고, 누가 남이 쓰던 집에서 자고 싶겠어?' 이와 같은 비판적 사고에 기반한 업계 엘리트들의 비웃음은 얼마 지나지 않아 크나큰 오류로 판명됩니다. 최근 들어 사람들은 세계 어디를 가나 특색 없이 똑같은 디자인인 체인 호텔들보다 해당 지역의 느낌이 살아 있는 집에서 지내는 경험을 선호하죠. 그런 여행객들의 진정한 요구를 디자이너 출신의 창업자들이 정확하게 꿰뚫어 보았던 것입니다.

(2) 퍼소나, 혹은 페르소나

혹시 'Persona'라는 단어를 아시나요? 심리학이나 예술 분야에서 간혹 들어보셨을 텐데요. 고대 그리스에서 연극배우들이 썼던 특수한 가면에서 유래한 말로, 오늘날에는 '이미지 관리를 위해 쓰는 가면' 정도의 의미가 있습니다. 한국에서는 보통 '페르소나'라는 유럽식 라틴어 발음으로 친숙한데 영어권에서는 '퍼소나'로 읽어요. 서비스디자인 연구는 영미권이 주도하고 있기에 서비스디자인 분야에서는 보통 퍼소나로 발음합니다.

가령 영화 쪽에서 한 감독의 주연을 계속 맡으며 감독의 분신과 같은 역할을 하는 배우를 페르소나라고 부릅니다. 유사하게 서비스디자인 쪽에서는 해당 서비스를 주로 이용하는 대표 고객을 상정해 퍼소나라고 부르지요.

어떤 서비스를 기획할 때 그 서비스를 가장 많이 이용할 것으로 추정되는 전형적인 유형을 만듭니다. 예를 들어 여행 서비스를 구상한다면 30대 미혼 여성 직장인 도봉순 씨라고 퍼소나를 지정한 뒤, 미리 만들어둔 고객여정맵에 따라 실제 체험하면서 어떤 문제가 발생하는지를 파악하게 됩니다. 앞서 말씀드린 노인 공동생활홈 사업의 경우 남편과 사별하고 자녀들과 따로 사시는 80대 후반의 김말순 할머니로 퍼소나를 설정하는 식이지요.

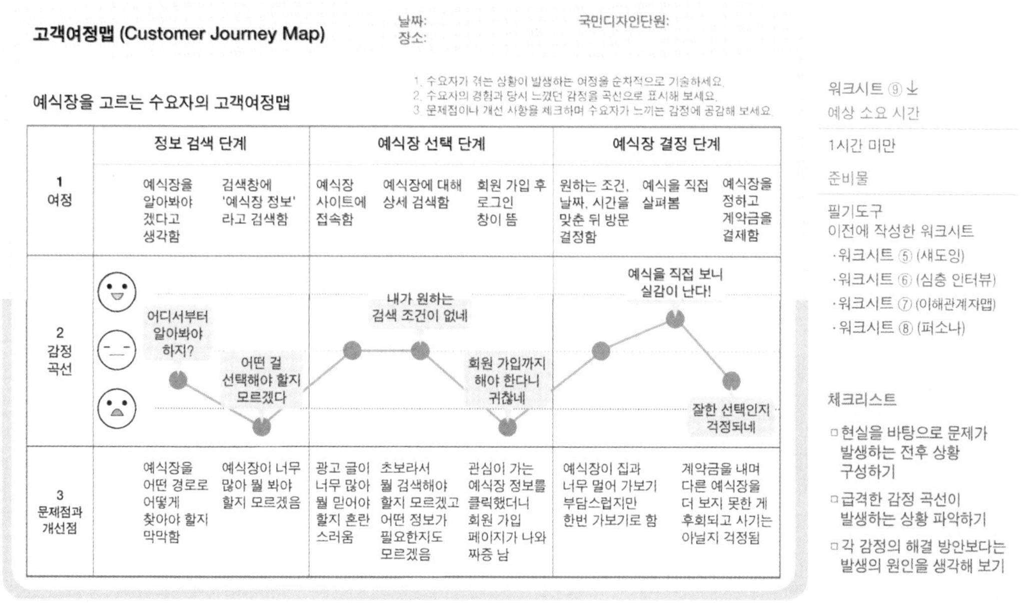

그림25. 국민디자인단 매뉴얼 중 고객여정맵 부분 발췌

(3) 고객여정맵과 페인 포인트

고객여정맵은 앞서 설명드린 대로 서비스를 이용하는 주요 고객(퍼소나)의 모든 경험을 하나의 맵으로 만드는 것입니다. 그리고 이 고객여정맵을 통해 퍼소나들의 경험 곡선을 만듭니다. 여정의 각 단계별로 퍼소나들이 어떤 부분에서 유쾌함을 느끼고, 어떤 부분에서 불쾌함을 느끼는지를 파악합니다. 이 중 가장 불쾌하게 느끼는 경험을 페인 포인트pain point라고 부릅니다. 이 페인 포인트가 가장 핵심적으로 개선해야 할 부분이 되지요.

참조하시라고 저희 국민디자인단이 사용하는 매뉴얼 중 고객여정맵을 설명하는 부분을 인용했습니다(그림25).[27] 예식장을 고르는 고객의 상황을 가정했는데요. 살펴보시면 더 잘 이해되실 겁니다. 그럼 노인 공동생활홈 사업의 고객 여정이라면 어떨까요? 노인정 출입, 목욕탕 이용, 식사 체험, 여가 활동, 저녁 후 취침 등의 순서로 고객여정맵에 그려 넣을 수 있겠지요.

(4) 심층 인터뷰, 집중 관찰, 직접 체험

이 세 가지는 이미 노인 공동생활홈 사업에서 대부분 설명드렸습니다. 할머니들이 노인정에서 지내실 때 느끼는 불편한 점을 찾고 해결책을 모색하기 위해 먼저 할머니들을 오랜 시간 관찰했고 자연스럽게 인터뷰를 진행했습니다.

서비스디자인은 아니지만 하인즈의 케첩병 디자인 교체 사례에서도 고객 인터뷰나 사용 현장에서의 관찰이 진행되었죠. 케첩을 자주 쓰는 주 고객층을 퍼소나로 만들어 케첩병을 직접 사용해 보는 체험도 활용되었습니다.

이처럼 심층 인터뷰, 집중 관찰, 퍼소나를 통한 직접 체험은 더블다이아몬드 모델과 고객여정맵을 연계해 고객의 페인 포인트를 찾아낼 때, 그리고 그 페인 포인트에 대한 해결 방법을 모색하는 전 과정에 걸쳐 두루 활용됩니다. 사실 이 세 가지에는 동일한 목적이 있습니다. 바로 사용자 체험을 통해 고객의 진정한 요구를 알아내고 그에 대한 해결 방법을 찾는 것이지요.

(5) 시제품

제품디자인뿐만 아니라 서비스디자인에서도 시제품prototype을 만들 수 있습니다. 디자이너가 고객여정맵, 더블다이아몬드 모델, 퍼소나 등을 통해 만든 서비스가 실제 현실에서 얼마나 효과적으로 작동할지 궁금하잖아요? 이때 서비스 시제품을 만들어 소수의 참여자가 직접 체험하고 검증하며 필요하다면 보완합니다. 노인 공동생활홈 사업을 예로 든다면 간이 칸막이를 노인 공동생활홈 한 곳에만 먼저 설치해 보고 사용하신 분들의 반응을 확인한 다음에 다른 노인 공동생활홈까지 확대하는 식으로 운영되겠죠.

지금까지 서비스디자인에서 쓰이는 몇 가지 모델을 살펴보았습니다. 여기서 한 가지 짚어드려야 할 점은 이런 서비스디자인 기법들은 한결같이 기존의 디자인 기법과는 다르게 **'다수가 함께 머리를 싸매고 활동할 것'**, 즉 **협업과 집단 지성을 요구한다**는 것입니다.

서비스디자인은 '디자인은 디자이너 혼자 디자인실에서 만든다'는 기존의 관념이나 통념에서 자유롭습니다. 다양한 사람들이 아이디어를 탐색하고, 토론을 통해 이를 좁혀서 진짜 문제를 정의하며, 직접 현장에 나가 함께 체험하고 대안을 모색하는 일종의 집단 지성을 요구하는 활동입니다. 이 책의 후반부에서 정부의 서비스디자인 활동인 국민디자인단을 다루며 더 이야기하겠지만, 이러한 특성 때문에 국민디자인단, 혹은 더 폭넓게 보아 공공 서비스디자인은 최근에 많이 논의되는 국민의 행정 참여 이슈에도 매우 유용한 접근 방식이 되고 있습니다.

그럼 서비스디자인에 단점은 없을까요? 물론 있습니다. 일단 시간이 많이 들고요. 사람들의 의견이 다양하게 갈릴 때 리더 격인 서비스디자이너가 이를 정확하게 모으고 정리해 주지 않으면 효율이 떨어질 가능성이 높습니다. 문제 정의가 잘못될 경우 아무리 해결책이 그럴싸해도 진정한 요구를 해결해 주지 못할 수 있습니다.

또한 무형의 서비스 전반에 적용할 수 있다고 말씀드렸지만 사실 적용을 어렵게 하는 제약 요건도 많습니다. 즉, 모든 서비스에 서비스디자인을 적용해 문제를 해결할 수 있는 건 아닙니다. 문제가 명확히

정의되지 않거나, 서비스가 단계별로 잘 나누어지지 않거나, 사용자가 특정 집단이 아닌 불특정 다수인 경우 서비스디자인을 적용하는 데 제약이 많이 발생하죠.

그러나 몇몇 문제에도 불구하고 서비스디자인은 기본적으로 사용자 경험을 중시하는 고객 지향적 모델이고, 현장을 중시하는 현장 중심적 모델입니다. 이런 점에서 서비스디자인은 매우 바람직한 모형이자 실제 문제의 해결 가능성을 높여주는 매력적인 방법론이지요. 다음 절에서 각종 예시와 함께 조금 더 자세히 살펴보겠습니다.

✔ 덧붙이기

디자인 싱킹과 허버트 사이먼

앞서 소개한 더블다이아몬드 이론은 사실 서비스디자인이라는 개념이 도입되기 전부터 디자인 싱킹 쪽에서 먼저 정립된 대표적 방법론입니다. 디자인 싱킹이란 어떤 과제를 해결할 때 디자인을 활용하되, 디자이너가 아닌 인간 중심의 관점을 도입해 해결하는 방법론입니다. 디자인 싱킹이 문제에 대한 접근 방법viewpoint, approach을 규정한다면, 서비스디자인은 실제로 문제를 해결하는 새로운 수단tool이라고 할 수 있습니다. 결국 둘은 서로 연결되어 있지요.

앞에서 서비스디자이너를 설명하며, 기존의 전통적인 디자이너들과 대비해 이들이 보다 고객 관점에서 활동한다고 강조한 바 있습니다. 하지만 디자이너 자체가 산업이나 비즈니스와 관계된 직업인 만큼 순수 미술 분야에 비하면 학교에서 교육받을 때부터 고객의 관점에서 보는 훈련을 쌓게 됩니다. 직업인이 된 뒤에도 마찬가지죠. 아무리 예술혼이 충만한 멋진 디자인이라고 해도 고객이 외면한다면 업계에 발을 붙일 자리가 없으니까요.

이런 점에 착안해 고객 관점에서 보는 훈련을 받은 디자이너들을 중심으로 고객에게 내재된 진정한 요구를 찾아내고 현장 중심으로 사용자 경험을 향상시키는 활동을 디자인 싱킹이라는 이름으로 정립해 낸 것입니다. 최근 들어 사용자 중심의 문제 해결 방법론으로 각광받고 있죠. 서비스디자인이란 것도 디자인 싱킹이라는 방법론을 서비스에 적용한 것입니다.

디자인 싱킹의 역사는 1960년대까지 거슬러 올라가는데요. 놀라운 것은 이를 처음으로 주창한 이가 디자이너가 아니라 행정학자였다는 사실입니다. 허버트 사이먼Herbert A. Simon이라는 학자가 디자인 싱킹이라는 개념을 자신의 책에서 처음 주창했는데요. 참고로 이분은 정말 대단한 사람입니다.

먼저 행정학에서는 '행정학의 아버지'라고 불릴 만큼 학문의 정립과 발전에 큰 획을 그은 분이죠. 동시에 요즈음 각광받는 인공지능을 최초로 개발한 컴퓨터 과학자이기도 해서 컴퓨터 쪽의 노벨상이라고 불리는 튜링상Turing Award도 받았습니다. 더 놀라운 건요? 진짜 노벨상도 받았다는 겁니다. 비경제학자로서는 최초로 1978년에 노벨 경제학상을 수상했거든요. 그리고 앞서 말씀드린 대로 디자인 싱킹의 주창자이기도 하죠. 행정학의 아버지, 인공지능의 시초, 디자인 싱킹의 주창자, 경제학의 거두 등등. 다방면에 조예가 깊은 이를 가리켜 르네상스적 인간이라고 부르는데, 그런 칭호에 가장 잘 어울리는 분이었습니다.

사이먼에 대해서는 다음에 넛지nudge를 설명할 때 다시 이야기할 기회가 있을 겁니다.

2. 왜 서비스에 디자인을 도입해야 하는가?

서비스를 개선하기 위해 기업이나 공공 기관들은 예전부터 다양한 노력을 기울여 왔습니다. 흔히 들으시는 것으로는 고객을 대상으로 설문 조사를 하거나 대형 컨설팅 회사와 계약을 맺고 서비스를 단계별로 다시 설계하는 서비스(업무) 재설계business process reengineering를 시행하기도 하죠. 또 서비스를 전문으로 제공하는 회사에 의뢰해 서비스 전체를 외주로 맡기거나 서비스 종사자를 대상으로 고객 응대 교육, 흔히 이야기하는 친절 교육을 실시하는 모습도 볼 수 있습니다. 이런 건 가장 기본적인 노력이겠지요.

하지만 이런 투자는 이른바 '가성비'가 떨어지고 기대보다 성과가 나지 않는 경우가 많습니다. 서비스는 사람이 하는 것인데, 언급된 수단들은 사람의 근본적인 심리와 행태를 바꾸기에 전부 한계가 있거든요. 반면에 서비스디자인은 아주 간단한 발상의 전환, 정말 최소한의 변화만으로도 서비스를 눈에 띄게 개선할 수 있습니다. 어떻게 그럴 수 있을까요?

1) 서비스디자인은 문제를 현장에서 고객의 관점으로 해결한다

이번에도 노인들의 사례를 들어 설명할까 합니다. 이 책에는 유독 노인과 관련된 사례가 많이 나오는데요. 그 이유가 서비스디자인의 주요 고객 중 하나가 노령층이기 때문입니다. 반면 서비스를 만드는 이들은 주로 젊은 기획자들이죠. 가령 기업에서 제품을 기획할 때 보면 아이디어가 많은 젊은 직원들이 중심이 되기 마련입니다. 그런데 노인 고객의 경우 서비스를 기획하는 젊은 사람들은 잘 알기 힘든 특별한 사정이 있는 경우가 많습니다. 앞서 2017년도 아카데미상 시상식 사례에서 보듯이 눈이 잘 보이지 않아 더 큰 글씨가 필요하다거나, 신체 능력이 젊은이들보다 떨어지기 때문에 낮은 계단이나 느린 이동 속도를 감안한 구조물 배치 등 섬세한 접근이 필요하죠.

지금 소개드리는 사례는 치매 노인을 주로 수용하는 독일의 어느 노인 요양원 이야기입니다. 저도 개인적으로 집안에 치매로 편찮으신 분이 계셔서 요양원을 방문한 적이 있는데, 치매 노인 요양원들을 보면 대개 입구에 사람을 배치하고 출입을 엄격하게 통제합니다. 이게 나름대로 이유가 있는데요. 치매 노인분들이 요양원에 계시다 보면 집에 가고 싶어져 몰래 빠져나오시는 경우가 많다고 합니다. 하지만 요양원을 나와도 집에 가는 교통수단을 찾기 힘들고 정신도 온전하지 않아 대개 동네를 헤매며 소동을 일으키거나 운 나쁘면 사고를 당하는 일까지 있다고 해요. 그럴 때면 요양원 직원들이 총동원되어 찾는데, 그러다가 요양원에 방치된 채 남아 있는 다른 노인분들이 문제를 일으키는 최악의 상황이 발생하기도 하죠.

이런 문제를 해결하려면 어떻게 해야 할까요? 돈은 좀 들어가지만 입구에 24시간 감시 인력을 배치하거나 고가의 감시 장비를 곳곳에 두는 방식으로 대응하는 요양원도 있습니다. 아니면 야간에는 방문을 강제로 잠그거나 중앙 출입문을 통제하는, 그러니까 노인분들의 이동의 자유를 제한하는 방식을 택하는 요양원도 있습니다. 여기서 후자는 매우 나쁜 대응 방법인데, 치매 노인분들의 실수이건 시설의 문제건

만에 하나라도 화재가 발생할 경우 노인들의 생명이 위험해지기 때문입니다.

독일 뒤셀도르프에 있는 한 요양원Benrath Senior Center은 서비스디자인 업체에게 이런 어르신 탈출(?) 문제를 해결해 달라고 의뢰했습니다. 이 서비스디자인 업체는 실제 요양원에 가서 치매 노인분들의 행태를 자세히 관찰하고 아주 획기적인 해결 방법을 제시했습니다. 돈도 별로 들지 않았고 노인들의 이동을 제약하지도 않았습니다. 되레 이전보다 감시 인력은 줄여도 되는 간단하면서도 놀라운 해결책은 무엇이었을까요?

그건 요양원 바로 앞에 버스가 오지 않는 가짜 버스 정류장을 만드는 것이었습니다(그림26).[28]

치매 노인들이 요양원을 떠나면 대개 어디로 향할까요? 집에 가겠다는 이들이 발견된 곳은 거의 예외 없이 버스 정류장이었습니다. 서비스디자인 업체는 요양원 직원들과 대화하고 실제 요양원을 나간 노인분들을 관찰하면서, 길을 모르고 걸어갈 체력도 안 되는 노인들이 근처를 방황하다가 결국 버스 정류장에서 버스를 기다리는 중에 발견되고는 한다는 사실을 파악해 냈습니다.

그렇다면 요양원 바로 앞에 가짜 버스 정류장을 만들어두면 노인들은 이곳에서 버스를 기다리게 되기 마련입니다. 요양원 직원들이 동원되어 동네를 찾아다닐 필요가 없어지고, 정문에 감시 인력을 두거나 문을 잠가두지 않아도 멀리 가지 않고 바로 발견할 수 있는

그림26. 독일 요양원에 설치된 가짜 버스 정류장

해결책을 고안한 것입니다.

여기서 서비스디자인의 가장 큰 강점으로 다음의 세 가지를 들 수 있습니다.

- ▹ 문제를 정확하게 정의하고
- ▹ 고객의 관점에서 가장 적절한 해결 방식을
- ▹ 가장 효과적인 방법으로 찾아낸다

이것이 현장에서 고객의 관점으로 문제를 해결하는 서비스디자인의 힘입니다. 현장 중심, 고객 중심의 접근 방식은 기존 디자인이 주로 다루는 상업적인 분야보다는 공공 부문에서 특히 큰 힘을 발휘합니다. 이 부분은 4장에서 다시 말씀드리지요.

변화Impact

'Impact'는 보통 '충격'으로 번역하지만, 여기서는 '변화' 혹은 '영향'으로 옮기고자 합니다. 최근 경영 분야에서 각광받는 용어 가운데 하나인데요. 기업의 사회적 책임이 강조되면서 많은 기업에서 기존의 단기 실적result이 아닌 사회에 가져오는 변화나 영향에 초점을 맞춘 장기적 관점의 '임팩트 투자'를 하려는 흐름이 생겨났습니다. 그런 만큼 사회적인 긍정적 효과, 쉽게 말해 공익을 추구하는 공공 부문에서 더욱 강조되고 있지요.

2) 서비스디자인은 단기 성과보다 장기적 변화를 만들어낸다

한국에서는 4장에서 설명드릴 국민디자인단이 가장 잘하고 있습니다만, 이미 여러 선진국들은 2010년 이후 서비스디자인을 활용해 공공 부문에서 사회적 변화를 만들어내기 위한 프로젝트들을 계속해서 추진하고 있습니다.

일례로 영국의 서비스디자인 회사 리브워크는 선덜랜드에서 서비스디자인을 이용해 실업률을 낮추는 도전적인 프로젝트를 추진했습니다.

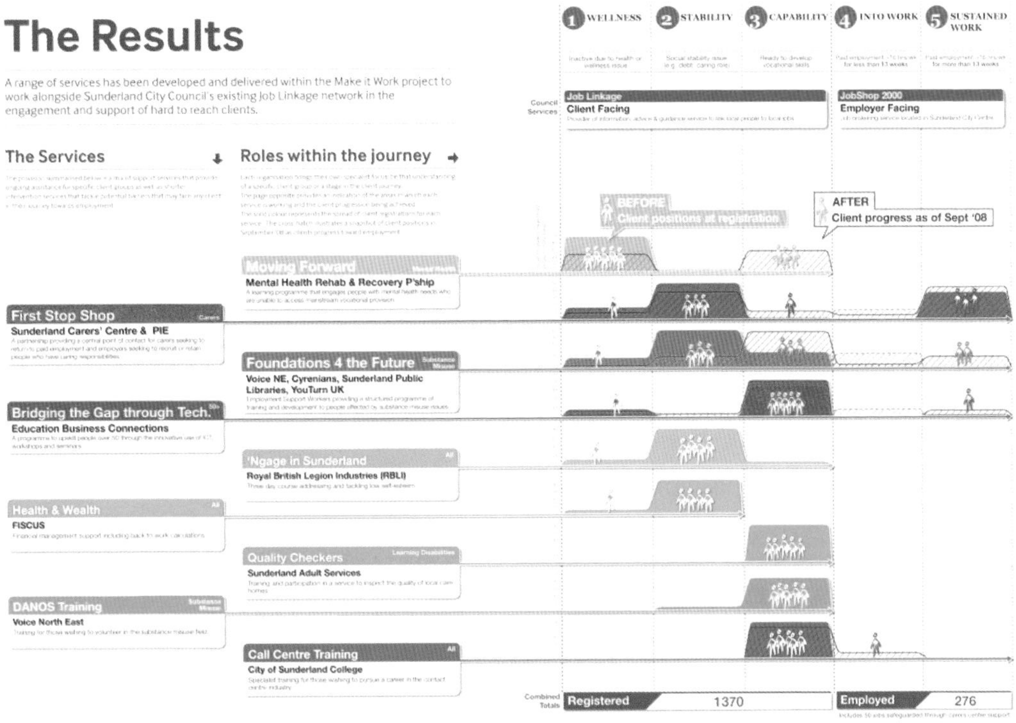

그림27. 리브워크가 수행한 영국 선덜랜드의 실업자 서비스 프로젝트 고객여정맵

한국도 실업자 지원 사업이 있지만 밑 빠진 독에 물 붓기처럼 지원만 할 뿐 실제 그런 지원이 취업으로 연결되지 않는다는 비판이 많습니다. 영국도 마찬가지 사정이었고, 그래서 서비스디자인이 이런 문제를 해결하고 실업자를 구제하는 변화를 가져올 수 있을지 시도해 본 거의 최초의 프로젝트라고 할 수 있습니다.

우선 리브워크는 고객여정맵을 만들었습니다. 왜 실업자들이 직업교육 등의 지원을 제대로 받지 못하거나 받아도 효과가 없는지를 대표적 실업자를 상정한 퍼소나의 체험과 관찰을 통해 파악한 것이죠. 이를 통해 문제가 많은 여정을 찾아낸 뒤에 사용자 경험의 관점에

서 다시 설계했습니다(그림27).[29]

보통 서비스 재설계는 지금까지는 컨설팅 회사들의 몫이었습니다. 컨설팅 회사는 서비스를 재설계할 때 고객(소비자)이 아닌 서비스를 제공하는 직원(공급자)들의 업무 효율성을 높이는 관점에서 접근합니다. 즉, 서비스에 걸리는 시간, 인력별 작업량, 서비스 흐름도 등을 각종 기법을 통해 관찰한 다음에 가장 효과적이고 낮은 비용으로 업무를 처리할 수 있는 대안을 제시해 왔습니다.

그래서 컨설팅 회사가 업무나 서비스 재설계 프로젝트를 맡은 뒤에 결과 보고서 등을 보면 다음 사항이 기대 효과로 자주 언급됩니다.

▷ 직원의 실업자 1명당 업무 처리 시간을 평균 300시간에서 150시간으로 50% 감축
▷ 실업자들이 노동청에 와서 대기하는 시간을 평균 90분에서 30분으로 감축
▷ 실업자 1인당 제출 서류를 8건에서 2건으로 간소화

좋은 이야기입니다. 서비스 재설계를 통해 투입input과 산출output을 개선했다는 의미죠. 직원들의 업무 시간을 줄였다는 것은 투입을 줄인 것이고, 실업자들의 대기 시간을 줄이거나 제출 서류를 줄였다는 것은 향상된 산출물을 의미하겠죠. 그러나 과연 이런 투입이나 산출 개선이 실제로 '실업률을 줄인다'는 궁극적인 성과outcome나 이를 통해 자살률을 낮추거나 알코올중독자가 줄어드는 긍정적인 변화impact로 이어지는지를 묻는다면 그렇다고 바로 대답하기 어려울 겁니다. 직원

들의 업무 처리가 줄어들거나 실업자들이 내는 서류가 줄어든다고 해서 실업률이 줄어든다고 말하기는 어려우니까요.

반면 선덜랜드 실업자 서비스 프로젝트에서 서비스디자인 회사 리브워크는 내부의 업무 효율성 분석은 전혀 하지 않았습니다. 이들이 고려한 것은 오직 하나, 이 서비스의 고객인 실업자들의 관점에서 사용자 경험을 가장 효과적으로 증진시킬 수 있도록 서비스 여정을 다시 설계하는 것이었습니다. 결과적으로 리브워크가 제시한 지표와 효과는 매우 간단했습니다.

- ▹ 프로그램 지원자 1000명 중 275명이 새 일자리를 찾음
- ▹ 1명 고용에 소요되는 사회적 비용이 6만 2000파운드에서 5000파운드로 1200% 이상 감소

이 지표들은 실제로 실업자를 줄이는 성과를 가져오고 실업에 따른 사회적 비용을 줄이는 긍정적인 변화를 가져왔음을 보여줍니다. 이처럼 서비스디자인은 고객 및 고객 경험이라는 본질에 바로 접근함으로써, 효율성 추구에 매몰되기 쉬운 기존의 컨설팅 회사가 다루지 못하는 공공 부문의 문제에 적용이 가능하고 실제로 긍정적인 변화를 가져올 수 있습니다.

그런데 서비스디자인의 또 한 가지 우수한 점은 이런 긍정적인 변화와 임팩트를 보다 바람직한 방식, 즉 강제가 아닌 자발적인 동참을 통해 이끌어낸다는 것입니다.

3) 서비스디자인은 강제가 아닌 자발적인 동참을 이끌어낸다

어떠신가요? 트위터 등 SNS에서 한동안 화제가 되었던 고고학 비누archaeology soap라는 제품입니다(그림28).[30] 집에 어린아이를 키우는 독자분이라면 손뼉을 치며 이거 사야 한다고 공감하실 거예요. 아이들에게 공룡은 정말로 매력적인 존재입니다. 비누 지층 밑에 공룡 화석이 숨겨져 있으니 열심히 씻다 보면 공룡이 나온다고 아이들에게 알려준다면? 그동안 비누로 손을 씻으라고 그렇게 잔소리해도 듣지 않던 애들이 아마 너무 손을 자주 씻어 문제가 될 겁니다. 바로 디자인의 힘이죠.

고고학 비누는 제품디자인인 동시에 서비스디자인 사례에 해당합니다. 제품만 디자인한 것이 아니라 손을 씻는다는 사용자 경험을 새롭게 디자인했으니까요.

서비스디자인에서 가장 유명한 사례는 아마도 남성분들이라면 공중화장실에서 한 번쯤은 보셨을 소변기에 붙여놓은 파리 그림일 겁니다(그림29).[31] 이 그림의 시작이 네덜란드 암스테르담 공항인 건 알고 계셨나요?

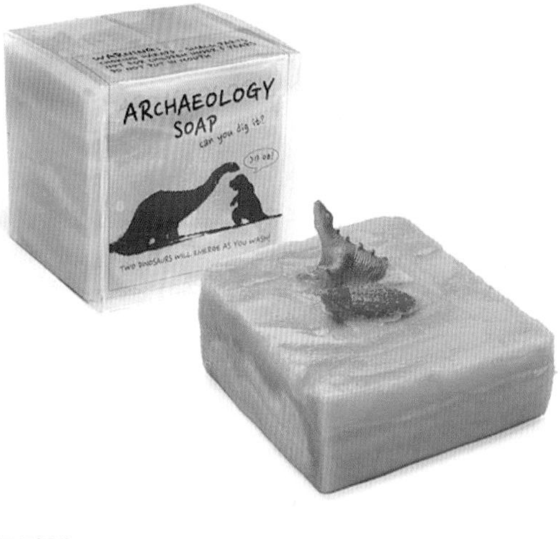

그림28. 어린이들에게 매력적인 고고학 비누

아무리 화장실에 "한 발자국만 다가서 주세요"라고 안내 문구를 붙여도 여전히 엉망으로 쓰던 남자들이 이 파리를 그려놓은 스티커 하나에 정말 깨끗하게 소변기를 사용하더라는 이야기죠. 소변기 주변을 더럽히는 비율이 80%나 감소했다고 합니다. 어릴 적부터 이어지는 남자들의 묘한 심리를 이용해 아주 간단한 변화로 원하는 목적을 이끌어낸 디자인 사례입니다. 왜 이것이 제품을 디자인한 게 아니라 서비스를 디자인한 것이냐고 물으실 수 있겠네요. 파리 그림이 그려진 소변기는 수단이고, 이 디자인의 궁극적인 목표는 소변기를 사용하는 서비스, 즉 체험을 새롭게 디자인하는 것이죠.

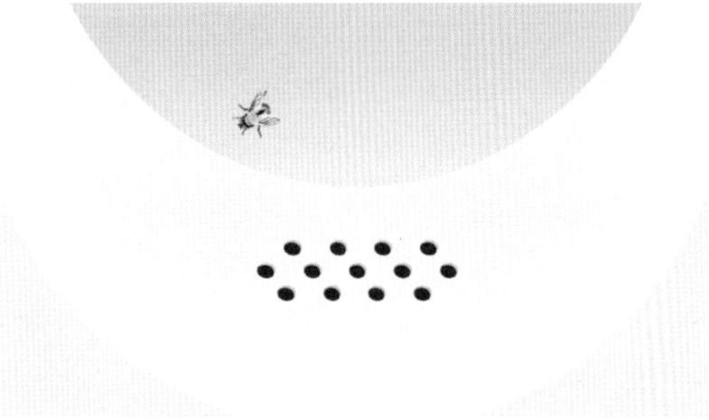

그림29. 공중화장실의 남자 소변기 파리 그림

이처럼 서비스디자인은 첫째 현장에서, 둘째 고객의 입장에서 서비스를 설계하기 때문에 고객의 심리를 정확히 파악해 냅니다. 앞서 썼던 용어로 설명하자면 '진정한 요구'를 정확히 파악할 수 있죠. 고객의 요구를 충족시키면서도 원하는 방향으로 고객의 행동을 이끌어낼 수 있습니다.

사례를 하나만 더 들어볼까요? 흔히 한국인의 운전 매너를 두고 최악이라고들 이야기합니다. 교통 문화 선진국으로 유럽을 손꼽으며 우리와 비교되는 유럽인들의 교통질서 의식을 부러워하죠. 이건 국민성의 문제라는 주장으로 곧 이어지며 캠페인과 계도, 더 나아가 강력한 단속이 필요하다고들 말합니다.

정말 그럴까요? 일부는 맞을 수도 있습니다. 오랫동안 교통 문화를 성숙시켜 온 유럽과 짧은 기간 자동차가 급속하게 보급된 우리 사이에 문화적인 수준 차이가 전혀 없다고는 말할 수 없겠죠. 그러나 상당 부분은 도로 위의 교통 시스템이 어떻게 설계되었는지에 따라서도 좌우된다고 봅니다. 신호등이 도로 어디에 위치하는지로도 큰 차이가 생겨나거든요.

왼쪽 사진은 독일의 전형적인 교차로이고, 오른쪽 사진은 한국의 전형적인 교차로입니다(그림30).[32] 붉은 원으로 표시한 신호등을 주목

그림30. 독일의 교차로(왼쪽)와 한국의 교차로(오른쪽)

해 주세요. 무슨 차이가 있을까요? 독일 것은 세로 모양이고, 우리 것은 가로 모양이라고요? 네, 그것도 맞습니다. 그런데 제가 말하고 싶은 건 신호등의 수와 위치입니다.

독일의 교차로에는 신호등이 하나밖에 없습니다. 그리고 그 신호등은 차가 멈추는 정지선 바로 위에 자리 잡고 있습니다. 반면 한국의 교차로에는 신호등이 두 개 있습니다. 하나는 차가 멈추는 정지선이 아닌 정지선 다음에 위치한 횡단보도의 위에 있고 다른 하나는 더 멀리 사거리 건너편에 위치해 있습니다.

이게 무슨 차이를 만들까요? 차가 정지선을 지나쳐서 횡단보도에 걸쳐 정차했다고 치죠. 독일 운전자는 신호등을 더 이상 볼 수 없습니다. 당연히 언제 신호가 바뀔지 알 수 없고 언제 출발해야 할지도 모르게 됩니다. 뒤에서 신호가 바뀌었으니 지나가라는 경적을 듣고 나서야 출발하게 되죠. 이런 불쾌한 사용자 경험을 몇 번 반복하고 나면 아무리 매너가 나쁜 운전자라도 정지선에 맞추어 세우는 습관이 생길 수밖에 없습니다.

그림31. 서울시 무교로에서 바라본 종로구청입구 교차로 전경. 횡단보도 정지선 진입 전(왼쪽)과 정지선 진입 후(오른쪽)

반면 한국은 정지선을 지나 차를 세워도 여전히 앞에 있는 신호등 두 개가 모두 보이기 때문에 신호에 맞추어 출발할 수 있습니다. 뒤차에게 욕먹을 일이 없으니 계속 정지선을 지나 횡단보도에 세우는 습관을 고치지 못합니다.

그런데 한국에도 독일식으로 디자인한 교차로가 있습니다. 서울시 종로구의 종로구청입구 교차로를 보실까요(그림31).[33]

무교동의 작은 골목길인 무교로와 8차선 대로인 종로가 만나는 교차로 지점입니다. 사진 아래에 보이는 횡단보도가 있는 무교로 끝 지점에서 건너편의 빌딩들 사잇길로 직진할 수 있습니다. 그런데 신호등이 앞서 보신 일반적인 한국의 신호등 체계와는 달리 건너편에는 설치되어 있지 않고 독일의 교차로처럼 사거리 직전에 하나만 있습니다. 만약 이 횡단보도에 걸쳐 차를 세우면 운전자의 시선은 오른쪽 사진처럼 됩니다. 어디에도 신호등이 보이지 않기 때문에 언제 이 길을 건너야 하는지 알 수가 없습니다. 뒤에서 울리는 경적을 들어야만 비로소 신호가 바뀌었음을 알게 되죠.

이 길을 몇 번 건너가는 '경험'을 해본 운전자라면 여기는 절대 정지선을 지나서 차를 세우면 안 된다는 걸 '학습'하게 됩니다. 만약 한국의 모든 신호등이 이렇게 설계되어 있다면 정지선을 위반하는 사례는 현격하게 줄어들 겁니다. 굳이 수많은 교통경찰을 동원해 특별 단속을 벌이거나 방송을 통해 계도 캠페인을 하지 않아도 말이죠.

그러니까 핵심은 국민성을 고치려는 캠페인, 벌금, 단속 등이 아니라 **사람들이 자연스럽게 법규를 지키도록 시스템이나 서비스가 디자인되어 있는지**가 중요하다는 것입니다. 잘 디자인된 서비스는 굳이 강제적인 수단을 동원하지 않아도 자연스럽게 서비스가 추구하는 목표로 사람들을 이끌 수 있습니다. 그런데 지금까지 이야기를 들으면 몇몇 분들은 최근 유명해진 어떤 단어가 생각나실 겁니다. 외래어죠. 그 단어는 바로….

✔ 덧붙이기

넛지와 서비스디자인

넛지nudge라는 말을 들어보셨는지요? '슬쩍 건드리다', '툭 밀다' 정도의 의미인데요. 시카고 대학교 교수 리처드 탈러Richard Thaler가 캐스 선스타인Cass Sunstein과 함께 쓴 동명의 책에서 이 개념을 처음으로 제시했습니다. 그리고 탈러 교수는 2017년 노벨 경제학상을 수상했지요. 그렇지 않아도 각광을 받고 있던 넛지라는 개념은 노벨상 수상을 계기로 폭발적으로 연구되고 있습니다. 대체 넛지가 무엇이기에 그럴까요?

넛지는 여러분이 앞서 보신 남자 소변기의 파리 그림이나 교차로의 하나뿐인 신호등과 같은 것입니다. 저는 넛지를 이제까지 우리가 살펴본 서비스디자인과 비슷한 개념으로 봅니다. 아니, 비슷한 걸 넘어 아예 같은 개념이라고 생각해요. 접근 분야가 달라 다른 이름이 붙었을 뿐이죠. 탈러 교수의 『넛지』를 읽어보신 분들은 아시겠지만, 앞서 제가 서비스디자인 사례로 소개한 암스테르담 공항의 남자 소변기 파리 그림이 넛지의 대표적인 예시로 등장합니다.

탈러 교수의 책에 따르면 넛지란 강제적이지 않은 유연한, 그리고 대상이 되는 이들이 그리 불쾌감을 느끼지 않는 방식으로 사람들을 의도하는 쪽으로 유도하는 개념입니다. 예를 들어 사람들이 갈림길에서 잘못된 방향으로 가고 있다면 한쪽 길을 강제로 막아버리는 식이 아니라 잘못된 방향으로 가는 사람들을 '툭 건드려서' 옳은 길로 유도하는 식입니다.

경제학에서 넛지가 속한 분야는 행동경제학behavioral economics입니다. 탈러 교수는 행동경제학을 연구해 노벨상을 받았는데, 그가 『넛지』

이후에 낸 『똑똑한 사람들의 멍청한 선택Misbehaving』을 보면 전작 『넛지』를 출간할 때의 일화가 나옵니다(그림32). 그가 이 행동경제학에 대한 책을 탈고하고 제목을 '자유주의적 개입주의'라고 붙여 출판사에 맡기자 편집자가 기겁하며 대안으로 제시한 제목이 본문에 등장하는 '넛지'였다고 합니다. 그리고 편집자의 탁월한 안목에 힘입어 『넛지』는 경제학 서적으로는 이례적으로 많은 주목을 받으며 베스트셀러가 되어 행동경제학을 대중에게 전파하는 역할을 하게 됩니다. 그 제목이야말로 '사용자 관점' 접근의 성공 사례입니다. '자유주의적 개입주의'라는 제목은 전공자가 아닌 사람들에게 관심을 끌기 어렵겠지만, '슬쩍 밀치다'라는 책 제목이라면 전공자가 아니라도 대체 무슨 이야기인지 궁금해 한 번쯤은 펼쳐 볼 생각이 나기 마련 아니겠어요?

여기서 자유주의적 개입주의libertarian paternalism라는 개념이 나오는데, 얼핏 보기에는 형용모순 같습니다. 자유주의가 사람들이 자기가 원하는 대로 하게끔 놔두는 것을 의미하는 반면에, 개입주의는 사람들의 행동에 개입해 그 행동을 바꾸려는 생각이니까요.

이 자유주의적 개입주의라는 용어를 이해하려면 먼저 양 극단에 서 있는 다음의 두 개념에 대해 아셔야 합니다.

그림32. 리처드 탈러 교수의 행동경제학 저서, 『넛지』와 『똑똑한 사람들의 멍청한 선택』

먼저 '강제적' 개입주의입니다. 예전에 공산주의 국가가 실시한 배급 제도처럼 사람들의 자유를 극도로 제약하고 사람들의 행동을 국가가 바람직하다고 믿는 방식으로 강제하는 것을 의미합니다.

그 반대편 극단에 있는 또 다른 개념은 자유'방임주의'입니다. 국가가 사람들의 사적 자유에

일체 개입하지 않는 것이죠.

이 두 극단적 반대 개념을 절충한 것이 자유주의적 개입주의인데요. 넛지라는 상징적인 용어가 보여주듯이 정부 당국이 사람들의 행동에 개입은 하되 약하게, 즉 개인의 자유를 크게 해치지 않으며 개입하는 것을 의미합니다. 일종의 중용적인 개념이지요.

예를 들어볼까요? 사람들이 지하철을 탈 때 질서를 유지하도록 하는 것이 당국의 목적이라고 한다면요.

▷ 경찰을 동원해 강제로 줄을 세우면 강제적 개입주의가 됩니다. 1980년대 한국이 이랬습니다.

▷ 줄 서기를 기대하면서 그냥 사람들이 알아서 타게 놔두면 자유방임주의가 됩니다. 가령 미국 워싱턴 D.C.의 지하철역이 이렇습니다.

▷ 넛지는 정류장 바닥 양쪽으로 노란 색 줄 서기 유도 라인을 긋습니다. 사람들에게 '넌지시' 줄을 서도록 권유하는 것이죠.

탈러 교수는 자유주의적 개입주의가 기존의 규제를 대체할 수 있는 아주 유용한 개념이라고 보았습니다.

자유주의 사상에 바탕을 둔 기존의 신고전파 경제학에서는 정부의 개입과 규제를 거래비용을 증가시키는 일종의 '악'으로 봅니다. 즉, 규제가 들어가면 불필요한 비용이 발생하고 사람들의 자유로운 거래를 가로막기 때문에 거의 모든 규제를 철폐해야 한다고 주장합니다. 반면 마르크스가 주장한 공산주의 경제는 모든 경제활동을 정부가 직접 계획하고 통제해야 한다는 철학에 근거하죠.

그런데 탈러 교수는 행동경제학을 활용해 사람들의 선택을 크게 제약하지 않고도 국가가 규제를 통해 얻고자 하는 목적을 달성할 수 있는 제3의 길을 제시합니다.

그 기저에는 행동경제학이 사람을 보는 관점이 기존 경제학과는 다르다는 점과 관련이 있습니다. 주류 경제학에 관한 오래된 농담이 하나 있는데요. 코끼리를 냉장고에 넣는 방법을 전공별로 이야기해 보라고 하면, 경제학자들은 "코끼리가 냉장고에 들어가 있다고 가정하자"라고 답한다는 것이죠. 주류 경제학은 이처럼 가정을 많이 사용하는데, 그중에서도 가장 핵심적인 가정이 바로 사람을 '경제적 이익'에 반응해 의사결정을 내리는 **경제적 동물**homo economicus로 바라본다는 것입니다.

그래서 주류 경제학자들은 적절한 인센티브를 제공하면 사람들은 바로 그에 따라 반응한다고 '가정'하고, 정책이나 제품, 서비스 등을 설계합니다.

그런데 독자 여러분들도 잘 아시다시피 사람들이 늘 합리적으로 행동하지는 않습니다. 가장 쉬운 예이자 제가 20여 년 전 학부에서 경제학을 배울 때 접했던 사례를 들어보죠. 3만 원짜리 청바지와 30만 원짜리 청바지는 사실 그만큼의 원가 차이도 두드러진 품질이나 디자인의 차이도 없습니다. 그냥 비싼 라벨과 가격표가 달려 있을 뿐이죠. 제가 처음 경제학을 배웠던 20여 년 전이나 지금이나 주류 경제학은 3만 원짜리를 제쳐두고 30만 원짜리 청바지를 사는 비합리적인 행동을 그리 만족스럽게 설명하지 못합니다.

반면 행동경제학은 사람들이 항상 합리적이라는, 무리한 가정을 전제로 모델을 만들지 않습니다. 사람들의 합리성이 갖는 한계를 인정합니다. 이걸 조금 어려운 용어로 제한적 합리성이라고 합니다. 책상머리에서 뭔가를 가정하고 모델을 만드는 대신에 실제 현장에 나가 사람들의 행동을 관찰합니다. 관찰 결과를 바탕으로 사람들이 왜 그런 행동을 보이는지에 대한 답을 찾고 이로부터 해결책을 내놓습니다. 앞의 암스테르담 공항의 파리 그림 사례에서 남자들이 왜 파리 그림을 향해 소변을 보는지를 논리적으로 설명하기란 힘듭니다. 그러나 남자라면 다들 압니다. 파리 그림이 소변기에 붙어 있다면 거의 모든 남자가 그곳을 조준하리라는 것을 말이죠. 그건 심리적인 통찰insight의 영역이지 논리적이고 합리성에 기반한 설명의 영역이 아닙니다.

여기서 행동경제학과 이제까지 다루어온 서비스디자인의 접점이 나옵니다. 앞서 언급한 서비스디자인의 장점들로 돌아가 볼까요? 저는 서비스디자인의 장점을 **첫째 고객의 관점을 반영하고, 둘째 사회에 긍정적인 변화를 만들어내며, 셋째 강제가 아닌 자발적인 동참을 이끌어낸다**고 설명드렸습니다.

이는 넛지에도 그대로 적용됩니다.

첫째, 넛지는 현장에 가서 사람들이 어떻게 행동하는지를 심층적으로 관찰합니다. 기존의 전통적 경제학이 책상머리에서 생각만으로 가상의 모델을 디자인한 뒤 나중에 현장에서 그 모델이 먹히는지를 사후에 확인했다면, 행동경제학은 현장에 가서 사람들의 행동을 살펴보고 이로부터 해결 모델을 디자인해 냅니다. 고객의 관점을 반영한다는 이야기죠.

둘째, 넛지는 상업 분야보다는 주로 공공 부문에서 기존의 규제를 대체하는 데 활용되고 있습니다. 즉, 사회 전체에 긍정적인 변화를 가져옵니다.

셋째, 넛지는 기존의 강제적인 규제를 배제하고 사람들이나 단체

제한적 합리성 Bounded Rationality

앞서 디자인 싱킹을 설명하면서 이를 주창한 허버트 사이먼이 노벨 경제학상을 받았다고 했죠? 사이먼이 노벨 경제학상을 받은 가장 핵심 업적은 그가 기존 경제학의 합리적 인간에 대한 가정 대신에 사람들은 자신이 보유한 정보와 조건에 기반해 제한적인 합리성으로 판단한다는 점을 밝혀 낸 것입니다.

행정학자였던 사이먼은 경제학자들이 현실과 동떨어진 대안을 주장하는 것을 여러 차례 접하면서 현실의 여건을 감안해 정책에 대한 사람들의 반응을 예측해야 한다고 주장했습니다. 넛지, 행동경제학 역시 사이먼에게 빚진 바가 크죠.

의 자발적인 협조를 매개로 접근하고 있습니다. 강제가 아니라 자발적인 동참을 유도합니다.

즉, 그 표현이 넛지이건 서비스디자인이건 요체는 현장 중심, 고객 중심, 강제성 배제에 있습니다. 그 효과는 너무나 매력적이어서 향후 거의 모든 규제를 대체하리라고 감히 예상해 봅니다. 이 책의 마지막 장에서 기존의 규제와 대비되는 서비스디자인과 넛지의 접근법에 대해 좀 더 자세히 다루겠습니다.

* * *

이제까지 1장에서는 사용자 경험에 대해서 알아보았고, 2장에서는 그런 사용자 경험을 증진시키는 방법론으로 서비스디자인에 대해 알아보았습니다.

이어지는 3장에서는 서비스디자인이 공공의 이익을 증대시키는 데 어떻게 활용될 수 있는지를 탐색합니다. 서비스디자인과 넛지가 근래 민간 부문에서 많이 각광받고 있는 것은 사실입니다. 하지만 도서 『넛지』의 원래 이름이 '자유주의적 개입주의'인 데서 알 수 있듯 서비스디자인과 넛지는 민간보다 사실 정부로 대표되는 공공 부문에서 더 큰 힘을 발휘할 수 있는 개념들입니다. 바로 앞에서 보셨듯이 사람들의 행동을 제약하는 기존의 규제를 보다 유연하면서도 훨씬 더 우수한 효과를 내는 방식으로 바꾸는 마법을 부릴 수 있으니까요. 이제 3장에서 대한민국의 공공 부문에 서비스디자인이 어떻게 적용되고 있는지 확인하러 가보시죠.

3장

공공 부문과 서비스디자인의 만남

1. 공원 디자인 vs. 범죄 예방 공간 디자인

1) 공원 디자인:
과거 공공 부문의 디자인

2003년 여름 건설교통부는 서울, 경기 등 등록 지역이 표시되어 있던 기존의 자동차 번호판을 지역 표시가 없는 번호판으로 바꾸겠다고 발표합니다. 새 번호판은 2003년 초겨울부터 보급되기 시작했는데요. 마침 당시 생애 첫 차를 구입했던 저는 가장 초기에 새 번호판을 받았습니다. 사진은 제 첫 차의 번호판입니다(그림33).[34]

새 차에 흔치 않은 새 번호판까지 달았으니 폼이 나야 할 텐데, 정작 새 번호판을 받은 저는 '왜 하필 나부터 새 번호판인가' 하는 생각을 지울 수 없었습니다. 저만 그런 생각을 했던 게 아니고요. 새 번호판이 나온 지 얼마 되지 않아 인터넷에서 건설교통부를 향한 비난이 쇄도했습니다. 한마디로 너무 촌스럽다는 것이었지요.

그림33. 2003년에 새로 보급된 자동차 번호판

기존 번호판은 글자 크기와 여백에 균형이 맞았던 반면, 바뀐 새 번호판은 지역명을 빼며 생긴 빈 공간을 이용해 글자를 더 키워 균형 감각이 맞지 않는 디자인이 되어버린 겁니다. 제 친한 친구는 제 차를 보더니 "네 차 번호는 이모에 1141이냐?"라고 놀리기까지 했습니

그림34. 2018년 국토교통부의 '자동차 등록번호판 디자인 국민의견 수렴' 여론 조사

다. 결국 이 번호판은 불과 2년여 만에 퇴출되었고 흰색에 적절한 크기의 글자를 쓴 번호판이 새로 도입됩니다. 2년 만에 단명한 이 번호판을 단 차는 이제 거의 남아 있지 않습니다.

이 자동차 번호판 사건은 역설적으로 한국의 공공 부문에서 디자인에 대한 인식이 올라가는 계기가 됩니다. 민간에 비해 훨씬 뒤처졌던, 아니 효율성만을 중시했기에 미적 감각은 전혀 따지지 않았던 공공 부문에서도 이 사건 이후로 점차 디자인의 중요성을 인식하기 시작했죠. 민간에 비해 여전히 디자인의 다양성은 부족하지만 각종 공공 기관의 인쇄물, 포스터, 홈페이지 등에서 촌스러움이 점차 사라지기 시작합니다.

2018년 11월에 국토교통부가 진행한 대국민 여론조사를 보시죠(그림34).[35] 내용인즉 국토교통부에서 2019년 9월에 자동차 번호판을 새로 바꾸기 위해 국민들에게 네 가지 디자인을 놓고 조사를 한다는 것입니다. 2003년에 번호판 디자인을 바꿀 때 겪은 나쁜 기억이 국민의 의견을 반영하는 디자인 정책으로 승화된 멋진 변화입니다.

아마도 여러분이 공공 부문의 디자인 변화를 생활 주변에서 가장 쉽게 체감하실 수 있는 게 공원 디자인일 겁니다. 과거에는 그냥 나무만 심고 벤치만 놓으면 된다고 여겨 적당히 만들었지만, 이제는 아름

그림35. 서울 선유도공원

다운 간접조명, 아름다운 디자인의 벤치, 세심하게 설계된 화장실 등이 도입되기 시작했죠. 그중에서도 백미는 수많은 상을 받으며 어느덧 서울의 명소가 된 선유도공원입니다(그림35).[36]

선유도공원은 더 이상 사용하지 않던 정수 펌프장을 리모델링해 만든 공간인데요. 아주 세심한 설계를 통해 기존의 버려진 펌프, 수조 등이 자연과 잘 어우러지는 훌륭한 공원 시설로 탈바꿈했습니다. 한강 가운데 교통이 불편한 섬에 위치한 불리한 지리적 여건에도 불구하고 앞서 다루었던 부산 감천문화마을처럼 젊은이들로부터 입소문이 나기 시작하고 언론에 보도되면서 핫 플레이스로 부상합니다. 이 공원은 나중에 서울의 다른 명소가 된 '서울숲'을 만들 때도 성수동의 상하수도 처리 시설을 활용해 만드는 계기가 되었지요.

이야기가 다소 옆으로 샜지만 2003년의 번호판 디자인 논란을 기점으로 디자인 개념을 등한시하던 공공 부문에서도 디자인의 중요성이 인식되기 시작합니다. 하지만 이런 디자인은 우리가 앞서 살펴보았던 고전적인 디자인, 즉 환경이나 제품에 대한 디자인이죠. 이 책에서 다루는 서비스디자인이 우리 공공 부문에 도입되기까지는 조금 더 시간이 필요했습니다. 정확히는 이로부터 10년이 경과한 뒤의 이야기가 되지요.

2) 새로운 공공 디자인: 범죄 예방 공간 디자인

공공 부문에서 사용자 관점을 도입한 서비스디자인이 본격적으로 논의되기 시작한 시점에 대해 다소 논란이 있지만 저는 2012년으로 보고 있습니다. 2012년 서울시는 범죄 예방 공간 디자인CPTED: Crime Prevention Through Environmental Design 프로젝트를 시작합니다. 이름에서 아실 수 있듯이 선유도공원 조성과 비슷한 공간 디자인입니다. 그런데 앞에 '범죄 예방'이라는 수식이 붙었죠? 이제까지 서비스디자인에 대한 이야기를 읽어오셨다면, 이 프로젝트가 그냥 아름다운 공간을 디자인하는 것이 아니라 범죄 예방이라는 정책 목적을 위해 무형의 서비스를 디자인하는 서비스디자인 프로젝트임을 짐작하실 수 있을 것입니다. 그런데 디자인이 어떻게 범죄를 줄일 수 있을까요?

아이디어는 간단합니다. 범죄가 일어날 만한 우범지대를 없앤다는 것이죠. 여러분이 생각하는 우범지대는 어떤 곳인가요? 각자 떠오르는 이미지가 있으실 겁니다. 어둡고 외지고 방치된 건물들이 있죠. 맞습니다. 디자인을 통해 그런 곳들을 없애면 되는 것이죠. 어두운 곳에는 등을 달고, 외진 곳은 사람들이 찾게 하고, 방치된 건물에 사람들이 다시 살며 일하게 만들어주면 됩니다.

물론 말이 쉽지 실행하기는 쉽지 않은 프로젝트입니다. 범죄 예방 공간 디자인 프로젝트가 시행되는 곳은 대개 도시의 슬럼slum가입니다. 낡은 건물, 비좁고 지저분한 골목, 불편한 교통편 때문에 사람들이 떠나고 빈집이 많아진 곳이 범죄의 온상이 되니까요.

범죄 예방 공간 디자인은 보통 몇 가지의 보편적·공통적인 요소를 활용합니다.

- ▷ 어두운 곳에는 가로등을 두거나 편의점 등 상시 영업하는 상점을 설치합니다.
- ▷ 우범지대에는 공원을 만들거나 운동기구를 두는 등 사람들이 자주 찾을 만한 시설을 조성합니다.
- ▷ 방치된 건물들에는 각종 주민 공동생활 시설을 설치합니다.

세 가지 요소의 기본 아이디어는 동일합니다. **사람들의 보는 눈을 늘려 범죄를 막는다**는 것이죠. 이를테면 골목길 으슥한 곳에 운동기구를 놓아두고 조명을 설치해 주면 사람들이 밤에도 가서 운동하게 되고 자연히 그 인근은 범죄가 줄어들겠죠. 범죄의 온상이었던 빈집에 사람들이 북적이면 범죄자들은 다른 곳을 찾게 되고요.

범죄 예방 공간 디자인 역시 앞서 소개한 넛지와 아이디어를 공유합니다. 강제가 아닌 자발적인 동참이지요.

범죄가 많은 지역에 대한 정부의 오래된 해법은 치안 강화입니다. CCTV를 늘리고, 순찰하는 경찰 수를 늘려 더 자주 지역을 돌아보고, 행인을 길에서 불시에 단속하는 식이었죠. 그런데 이렇게 치안을 강화하면 동네 사람들은 더 부담을 느낍니다. 자신들의 동네가 우범지대라는 것을 더 명확하게 인지하게 되고 그 지역을 떠나려고 하기 마련입니다. 가령 상점을 운영하는 이들은 경찰이 돌아다니는 공포 분위기에서는 장사가 안된다고 생각하겠지요. 주민이 빠져나가고 상점이 문을 닫으면 세금도 걷히지 않습니다. 서비스 대상인 주민이 줄어드니 정부도 예산을 계속 투입하기 어려워지고, 결국 치안 서비스 예산이 줄면서 범죄가 오히려 늘어나는 악순환에 빠지게 됩니다. 실제로 수많은 슬럼가의 우범지대가 이런 악순환을 거치며 형성되었습니다.

반면 범죄 예방 공간 디자인은 발상을 바꾸어 경찰이 치안을 맡는 것이 아니라 주민이나 관광객 같은 일반 시민들이 자연스럽게 찾아오는 매력적인 지역을 만들어줌으로써 범죄를 예방하는 새로운 접근 방식을 택합니다. 넛지, 서비스디자인의 기본 아이디어인 **자연스럽게 사람들의 행동을 유도해 원하는 목적을 달성하는** 방식을 택한 것이죠.

2014년 국내 최초의 범죄 예방 공간 디자인 프로젝트가 서울시 마포구 염리동에서 첫발을 내디뎠습니다. 이후 수많은 도시에서 도시재생city regeneration, 그리고 주민들의 삶의 질 개선 차원에서 범죄 예방 공간 디자인이 추진되고 있습니다. 자세한 이야기는 4장에서 국민디자인단의 역사를 설명할 때 다시 다루기로 하죠.

3) 공공 디자인의 확대: 공간에서 정책으로

과거 정부나 공공 기관에서 수행하는 디자인은 앞에서 보신 공간 디자인, 시설물 디자인, 이미지나 정보 디자인에 한정되었습니다. 정

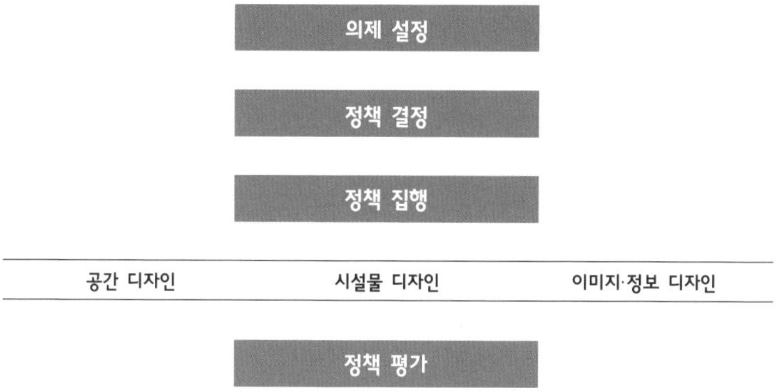

그림36. 기존의 디자인 개념이 적용된 정책 프로세스

부나 공공 기관이 먼저 정책을 만듭니다. 정책으로 해결해야 할 의제를 설정하고, 다음으로 각종 의견을 수렴해 정책 방향을 정합니다. 디자인은 이후 실제로 해당 정책을 집행할 때 개입합니다(그림36). 정책 대상이 되는 공간이나 시설물의 이미지, 정보를 보다 아름답고 쉽게 전달하기 위해 사용되는 것이죠.

앞서 이야기했던 공원의 예를 들어보죠. 서울에 녹지가 부족하니까 녹지를 늘려야 한다는 의제가 설정되고, 그에 따라 어느 지역에 몇 개의 공원을 설치한다는 정책이 결정됩니다. 그런 이후에야 비로소 디자인 회사가 들어가서 실제로 공원을 디자인하게 됩니다. 반면에 서비스디자인은 정책이 실제 추진될 때가 아니라, 정책을 처음 만들 때부터 적극적으로 아이디어를 내면서 개입합니다.

서비스디자이너는 정책을 결정하는 단계부터 개입해 정책 수요자들의 의견을 듣고, 진정한 문제를 발견하고, 그에 대한 해결책을 찾아냅니다(그림37). 훨씬 더 적극적이고 능동적인 역할이 디자이너에게 주어지는 것이지요.

예를 들어 공원 조성에 서비스디자인을 도입한다고 합시다. 주민을 위한 쉼터가 필요하다는 의제가 설정됩니다. 공원을 어느 지역에

의제 설정

↓

정책 결정

문제 정의와 목표 설정		정책 개발	실행 계획 수립
자료 수집	자료 분석		
핵심 고객 설정	가상 고객 설정	브레인스토밍	이해관계자맵
고객 관찰	고객여정맵	시나리오	비즈니스 모델
고객 체험	핵심 욕구 도출	스토리보드	운영 모델
인터뷰	서비스 콘셉트 도출	서비스 청사진	⋮
⋮	⋮	⋮	⋮

정책 공급자와 수요자가 함께 작업

↓

정책 집행

↓

정책 평가

그림37. 서비스디자인 개념이 적용된 정책 프로세스

어떠한 모습으로 만들지에 대해 서비스디자이너가 참여해 지역 주민의 진정한 요구 사항을 발견하고 이에 따라 사용자 경험을 극대화하는 방향으로 공원을 설계합니다.

놀이터에 서비스디자인이 도입된 사례를 하나 볼까요? 2016년에 제가 행정안전부 국민참여정책과장으로 근무하면서 개최했던 '행정서비스 공동생산 우수사례 공모'에서 최우수상을 수상한 전남 순천시의 '기적의 놀이터'입니다. 저희가 수여한 상을 포함해 무수히 많은 상을 받았고, 국내는 물론 해외에서도 벤치마킹을 하려고 찾아오지요. 과연 이 놀이터의 무엇이 그렇게 특별할까요?

✔ 덧붙이기

순천 '기적의 놀이터'

순천 기적의 놀이터에는 보통의 놀이터에서 흔히 볼 수 있는 그네나 시소 따위가 없습니다. 반면 놀이터로 조성되기 전에 있었을 법한 언덕이나 바위, 개울 등이 땅에 그대로 드러나 있지요. 아이들은 이런저런 비탈을 맨몸으로 구르며 내려오는데, 언뜻 보면 위험할 것 같지만 크게 다치지 않도록 설계해 놓았습니다.

놀이터를 디자인한 편해문 놀이 운동가는 이를 '건강한 위험healthy risk'이라는 개념으로 설명합니다. 지금의 장년 세대가 과거에 뛰어놀았던 자연 공간의 어느 정도 예측 가능한 위험을 재현해 놓은 것이죠. 기존의 판에 박힌 놀이 공간과는 전혀 다른 접근법인데, 어린이들이 건강하게 자라는 데는 인공적인 안전보다 자연스러운 장애물 앞에서 스스로 극복하도록 돕는 게 낫다는 발상에서 시작되었습니다.

기적의 놀이터는 순천시의 참가자 모집 공고에서도 알 수 있듯이 고객이자 사용자인 어린이들이 참여해 디자이너와 함께 만들었습니다(그림38).[37] 순천 기적의 놀이터는 정부가 선정하는 '행정서비스 공동생산 우수사례 공모' 최우수상 등 국내외에서 여러 상을 수상하며 언론의 주목을 받았지요. 또한 국민디자인단 지원 사업에 참여한 많은 도시들이 순천 기적의 놀이터를 벤치마킹하기도 했습니다.

그림38. 순천 기적의 놀이터 어린이 참가자 모집 공고

순천 기적의 놀이터는 어린이의 관점, 놀이터 전문가의 관점이 녹아들어 가면서 기존의 놀이터와는 전혀 다른 패러다임의 놀이터가 되었습니다. 뻔하디뻔한 미끄럼틀이나 시소 같은 기구가 배제되고 자연 지물을 활용한 창의적인 체험을 할 수 있는 공간이 만들어졌지요. 이처럼 똑같이 공간을 디자인하는 프로젝트라고 해도, 사후적으로 디자이너가 개입하는 것과 정책의 첫 기획 단계부터 디자이너가 개입하는 것은 큰 차이가 나기 마련입니다. 정부 정책에 서비스디자인이 들어가면 과연 어떠한 차이, 혹은 장점을 만들 수 있을까요?

2. 정책에 서비스디자인이 도입되면?

1) 규제에서 자발적인 동참으로

앞서 보셨듯이 넛지, 혹은 서비스디자인은 기존의 수많은 규제를 대체하는 수단으로 각광받고 있습니다. 당연합니다. 훨씬 적은 비용으로 훨씬 좋은 효과를 낼 수 있으니까요. 무엇보다 고객이자 규제의 대상이 되는 시민들의 불만이 현격하게 줄어듭니다.

앞에서 독일과 한국의 신호등 차이를 설명드린 걸 기억하실 겁니다. 횡단보도에 걸쳐 서도록 유도하는 신호등의 위치는 그대로 둔 채 교통경찰을 동원해 단속으로 문제를 고치려고 하면 시민들로부터 좋은 소리를 듣기 어렵겠지요.

2013년 가을 경기지방경찰청의 사례가 그렇습니다. 당시 경기경찰청은 사전 계도나 홍보 없이 갑작스럽게 횡단보도 정지선 위반 집중 단속을 실시했습니다. 단속이 시작된 첫날에만 경기경찰청 자체 집계로 561건을 적발했지요. 같은 시기에 충분한 홍보 기간을 두고 단속을 시작한 서울지방경찰청과 비교되면서 계도보다는 실적 올리기에 급급하다는 비판적인 언론 보도가 이어졌습니다. 심지어 경찰의 단속 차량이 횡단보도 선에 걸쳐 정차해 법규를 위반하는 사진이 온라인상에 퍼지며 조롱거리가 되기도 했죠.

막대한 예산을 투입하고 경찰 인력을 동원해 정지선 단속을 해도 결과는 그때 잠시뿐, 집중 단속이 끝나면 정지선을 넘어 횡단보도에 걸쳐 서는 차는 또 생기기 마련입니다. 그게 무엇이든 강제력을 수반하는 행위는 시민들의 반발을 불러와 되레 원하는 목적을 달성하기 어렵게 됩니다.

이렇게 단속에 의존할 게 아니라 앞서 보신 독일 교차로처럼 정지선 바로 아래로 신호등 위치를 옮기고 길 건너편의 신호등은 뽑아버리면 어떨까요? 신호등이 반으로 줄어드니 비용도 절감될 테고, 단속에 소요되는 경찰 인력은 원래 목적인 치안 유지로 돌리니 더 안전해지고, 운전자는 벌금을 내는 불쾌한 체험 없이도 정지선을 더 잘 지키게 될 겁니다. 긍정적인 영향이 생겨나지요.

서비스디자인은 비용은 크고 효율성은 떨어지며 사람들의 불만만 높이던 기존의 규제를 개선해 훨씬 적은 비용으로 효과적이며 사람들이 자연스럽게 따르도록 설계할 수 있습니다. 이 장의 마지막에서 '핑크 라이트'라는 훌륭한 사례를 소개해 드리겠습니다.

2) 탁상공론에서 실제적 문제 해결로

자기반성을 해야 할 시간인데요. 사실 저도 공무원으로 오랜 기간 근무하며 정책을 만들 때 책상머리에서 수행한 아주 기본적인 조사만으로 일을 진행해 왔습니다. 좀 더 성의 있게 추진한다고 해도 해당 분야의 저명한 교수님 몇 분을 모셔서 한두 번 의견을 청취하는 게 전부였습니다. 사실 공무원들이 어느 한 분야에서 일하면 얼마나 오래 일하겠습니까? 길어야 한두 해 내외이고 저처럼 중앙 부처에 소속된 공무원은 책상에서 만든 정책이 일선 현장에서 어떻게 집행되는지 알기 어렵습니다. 그러니 언론에 자주 보도되듯이 공무원들이 책상머리에서 만든 비현실적인 정책이 현장에서 실패하고 거꾸로 가는 경우가 발생하는 것이지요.

이보다 더 나쁜 경우도 있습니다. 일단 어려운 문제를 떠맡았는데 근본적으로 해결하자니 역량이 부족하고 제대로 문제를 파악하기도 어려워요. 그러면 대증요법으로, 즉 단기간에 적용이 가능한 땜질식 처방을 정책으로 내놓고 그저 자신의 부임 기간이 지나기만을 기다리는 겁니다. 결국 잠재된 문제는 그대로 남게 되고, 속으로 곪아가다가 나중에 더 큰 참사로 터지고 말지요.

또 하나 자주 드러나는 문제가 바로 기계적인 집행입니다. 담당자가 새로 부임해 와 업무를 들여다보니 이미 전년도에 전임자가 예산과 실행 계획을 다 짜놓은 상황이에요. 그러면 새로 온 담당자는 별다른 문제의식 없이 기존의 예산과 실행 계획에 기반해서 기계적으로 업무를 수행하기 쉽습니다. 처음에 소개드린 노인 공동생활홈 환경 개선 사업에서도 빠질 뻔한 함정인데요. 사실 전에 일하던 대로 하는 게 가장 문제가 생기지 않을 방향이니까 공무원들은 이런 유혹에 곧잘 빠지게 됩니다.

반면 서비스디자인이 도입되면, 이게 만병통치약이라고는 할 수 없겠지만 정책에 대한 고객과 사용자의 근본적인 요구부터 파악하는 과정을 거치게 되므로 이런 문제를 상당 부분 피해갈 수 있습니다.

다시 노인 공동생활홈 사업으로 돌아가 보죠. 농림축산식품부 담당자로서는 사실 전년도에 예산이 편성된 내역에 따라 노인정 몇 곳에 냉난방기와 주방 시설을 놔드리면 끝나는 일이었습니다. 공무원으로서는 가장 안전한 집행 방법이죠. 하지만 서비스디자이너가 투입되고 국민디자인단이 참여하자 전혀 다른 방향, 즉 노인분들의 프라이버시를 확보해 드릴 수 있는 간이 칸막이 구입으로 정책이 정해졌습니다.

노인분들이 진정으로 원하는 욕구를 찾아내 근본적으로 문제를 해결할 수 있었던 것이죠.

3) 관 주도에서 국민 참여로

서비스디자인의 본질은 고객의 참여에 있습니다. 앞서 살펴본 더블다이아몬드 모델, 고객여정맵, 퍼소나, 고객 체험, 미스터리 쇼퍼 등 서비스디자인의 모든 기법은 고객의 입장에서 아이디어를 모으는 기법과 다르지 않습니다.

어떤 이들은 물을지 모릅니다. 이미 공공 기관들은 설문 조사나 간담회 등을 통해 국민의 의사를 묻고 정책에 반영해 오지 않았느냐고요. 과연 그럴까요? 앞서 노인 공동생활홈 사업에서 던졌던 질문을 다시 가져와 봅니다.

> 만약 할머니와 할아버지 열 분을 무작위로 선발해 농림축산식품부 회의실에 모아놓고 한 시간 동안 간담회를 진행했다면 프라이버시에 대한 이야기가 나올 수 있었을까요?
>
> 만약 설문지 1000장을 마련해 노인정에 돌리며 "다음 중 우리 노인정에 가장 우선적으로 필요한 시설이 무엇이라고 생각하십니까?"라는 질문에 ① 조리기구 ② 소규모 목욕탕 ③ 냉난방기 ④ 기타(_____)라고 항목을 넣었다면 과연 몇 명이나 기타에 '칸막이'라고 적을 수 있었을까요?

저도 공무원이 되기 위해 시험을 준비하면서 '조사방법론'이라는 과목을 공부했던 적이 있습니다. 하지만 사회과학에서 택하는 대개의 현장 조사나 의견 수렴 도구는 고객의 관점이 결여된 채 **조사를 시행하는 공급자의 관점과 의도를 주로 반영하는 치명적인 약점이 있습니다.**

먼저 설문 조사에는 여러 문제가 있습니다. 공무원으로 일하다 보면 다른 부서에서 만든 설문 조사를 가끔 접하게 되는데요. 안타깝게도 자신의 가족이 답변한다고 생각하고 한 번만 읽어보았다면 도저히 넣지 않았을 질문들이 수두룩합니다.

노인, 어린이, 저학력·비숙련 노동자를 대상으로 하는 설문에 어려운 용어를 남발하거나, 행정 내부에서는 잘 알지만 밖에서는 모르는 개념이나 약어를 설명 없이 마구 쓰거나, 더 나쁜 경우로는 자신이 정해놓은 결론을 정당화하기 위해 의도적으로 설문 내용을 짜 맞추는 사례까지 본 적이 있습니다.

간담회의 경우는 사정이 더 나쁩니다. 의견을 수렴하기 위해 주민 간담회나 사용자 간담회를 열겠다고 공지합니다. 장소는 엄숙한 분위기의 관청 회의실로 잡고 회의실 배경에는 현수막을 거창하게 걸어놓지요. 어쩐지 분위기가 주민들이 자기 이야기를 하기 어려운 느낌인데요. 실제 행사가 진행되는 방식은 더 나쁩니다.

관존민비의 관습이 남아 있는 공무원들은 먼저 주민들을 앉혀놓은 채 한참 기다리게 하고 회의를 주관할 높은 분을 모셔 옵니다. 그 높은 분은 들어오면서 주민들에게 악수를 청한 뒤에 제일 상석에 가서 앉지요. 사회자는 엄숙하게 간담회 개시를 선언하고 이어서 모셔 온 높은 분의 인사 말씀을 듣습니다. 이 고위직 분은 실무자들이 써준 인사 말씀을 읽고 나서 "오늘 바쁜데도 참석해 주신 주민 여러분께 진심으로 감사드리며 허심탄회한 의견을 주시기 바랍니다"라는 의례적인 멘트를 남기죠. 하지만 그런 멘트와는 달리 끝까지 앉아 듣는 경우는 거의 없고 얼마 지나지 않아 일어섭니다. 더 나쁘게는 인사말씀이 끝나자마자 일어서지요.

그러면 사회자는 "정말 죄송합니다만 ○○님께서는 다음 일정이 있어 불가피하게 자리를 이석하게 되심을 양해드리며 바쁜 일정에도 오늘 회의에 참석해 주신 ○○님께 박수를 부탁드립니다"라는 멘트를 칩니다. 참석자들은 제대로 이야기도 듣지 않고 나가는 그분을 향해 왜 박수를 쳐야 하는지는 모르지만 박수는 나옵니다.

그렇게 고위직 공무원이 박수를 받고 나가면, 자신들이야말로 생업에 바쁜데 겨우 시간을 내 간담회에 참석한 주민들은 이제 실무자들만 남은 자리에서 자신들의 의견이 위쪽으로 제대로 전달되지 않을 것이라는 느낌을 받게 되죠. 결국 마음속의 진심을 내놓기를 주저하게 됩니다.

부끄럽지만 이것이 한국에서 공공 부문의 간담회가 진행되는 전형적인 모습입니다. 이런 간담회를 통해 고객의 목소리가 얼마나 정책에 반영될 수 있을까요? 이렇게 형식적이고 엄숙한 간담회, 소통 없는 회의에서 벗어나기 위해 제가 행정안전부 국민참여정책과장으로 일하던 2018년도 초에 만든 것이 있습니다. '열린소통포럼'이라는 이름의 공간입니다(그림39).[38] 무엇보다 앞서 이야기한 관청 특유의 딱딱하고 엄숙한 공간, 사람들의 자유로운 발언 의지를 꺾어버리는 분위기를 깨고 싶었습니다.

공간 사진을 보니 어떠세요? 장소는 서울 외교부 청사 1층 로비인데, 정부 청사 안이지만 관청 같은 느낌보다는 카페처럼 다가오지 않으신가요? 이 공간을 디자인할 때 저는 철저하게 민간의 의견을 존중하면서 제 의견을 넣지 않았습니다. 딱 한 가지 제가 주문한 것은

그림39. 서울 외교부 청사 1층 로비에 조성된 열린소통포럼 공간

엄숙하고 위압적인 관청의 분위기를 최대한 배제해 달라는 것이었습니다. 결과적으로 이 공간은 지금 각 정부 부처가 뭔가 허심탄회하게 국민의 의견을 수렴하고자 할 때 최우선적으로 고려하는 인기 공간이 되었습니다. 매월 예약이 꽉꽉 차고 있지요.

이 공간에서 국민참여정책과가 주관하는 열린소통포럼(공간의 이름이자 국민과 함께하는 소통 행사의 이름이기도 합니다)을 개최할 때의 방식도 앞서 설명한 기존의 흔한 간담회들과는 완전히 다릅니다.

열린소통포럼은 국민들이 어떠한 주제에 대해 이야기하고 정부가 듣는다는 방식을 택하고 있는데요. **정부 측 참석자는 각 부처에서 최소한 과장 이상으로 정책을 책임지고 답변할 수 있는 직위의 사람이 참여하는 것을 원칙으로 하며, 이분들은 행사가 시작할 때부터 끝까지 반드시 참석해 나오는 모든 의견을 듣고 답변하게 했습니다.** 사람들이 다 온 뒤에 입장하는 것도 아니고, 서두에 높으신 분의 인사 말씀도 없고, 중간에 나가는 일도 없습니다. 오히려 공무원들이 먼저 와서 사람들의 이야기를 다 듣고

난 뒤에야 답변하도록 만들었죠. 앞으로 이런 새로운 접근이 점점 더 공직 사회에 확대되리라고 믿어봅니다.

이야기가 다소 제 자랑으로 샜습니다만, 서비스디자인은 기존의 관성적으로 진행되던 의견 수렴 절차와는 다르게, 정책을 수립하는 첫 단계부터 국민의 실질적인 참여를 보장한다는 점에서 큰 차이가 있습니다.

서비스디자인을 통해 이제까지 설명을 드린 변화가 정말 가능할지, 과연 얼마나 효과가 있을지에 대해 의구심이 생기셨을 수 있겠네요. 그럼 근래 정부가 직면했던 아주 첨예한 문제를 서비스디자인을 통해 매우 세련되고 효과적으로 해결한 사례를 소개해 드리면서 이 장을 마무리하겠습니다. 한때 정말 뜨거운 이슈 가운데 하나였던 지하철 내 임산부 전용석 문제입니다. 서비스디자인으로 어떻게 이 문제를 해결했을까요?

3. 사례로 살펴보는 공공 서비스디자인: 핑크 라이트

1) 왜 임산부 전용석에 아저씨들이 앉아서 갈까?

서울이나 수도권, 주요 대도시 지역에서 살거나 최근에 가보신 분들이라면 지하철에서 이런 좌석을 보신 적이 있을 겁니다.

바로 임산부석이죠(그림40).[39] 그리고 이 임산부석이 제대로 운영되지 않는다는 사실도 아마 알고 계실 겁니다. 직접 보지 못하셨다고 해도 여러 언론 보도를 통해 논란이 많았으니까요. 가임기를 훌쩍 넘긴 나이 든 아주머니들이 앉아 가는 광경은 양반입니다. 아저씨들이 앉아 가는 사례도 부지기수죠.

그래서 서울 지하철을 타보면 교통 약자에게 자리를 양보해 달라는 이런 안내 방송을 들을 수 있습니다.

"열차 안에는 교통 약자와 장애인, 임산부, 영유아를 동반한 고객 등 열차 이용이 불편한 분들을 위한 교통 약자석이 마련되어 있습니다. 겉으로 표시가 나지 않는 초기 임산부를 배려하여 자리를 비워 두시기 바랍니다."

지금까지 이 책을 읽어오신 독자라면 제가 이런 식의 계도나 캠페인에 대해 강제적인 규제 못지않게 부정적인 입장이라고 짐작하실

그림40. 지하철의 임산부석

겁니다. 네, 맞습니다. 실제로 이런 멘트는 아무런 효과가 없습니다. 저 역시 매일 지하철로 통근하며 이 멘트를 들었지만, 임산부석에 앉은 남자나 중·장년 여성분들이 방송을 듣고 주변을 둘러보며 자리를 양보해야 할 임산부를 찾는 모습을 본 적이 없습니다.

이처럼 실패한 임산부석 정책보다 먼저 시행되었던, 그리고 마찬가지로 실패했던 임산부 대중교통수단 우대책이 하나 더 있습니다. 바로 임산부 배지입니다(그림41).[40]

임산부 배지는 역사가 매우 오래되었습니다. 제 아내가 임산부였던 2003년도에도 있었던 걸로 기억하니까요. 하지만 우리는 길을 가다가 이 배지를 단 이를 거의 만나지 못합니다. 저출산이 만연해 임산부 자체가 많지 않은 이유도 있겠지만, 실제 임산부들도 이 배지를 외면하기에 더 안 보입니다.

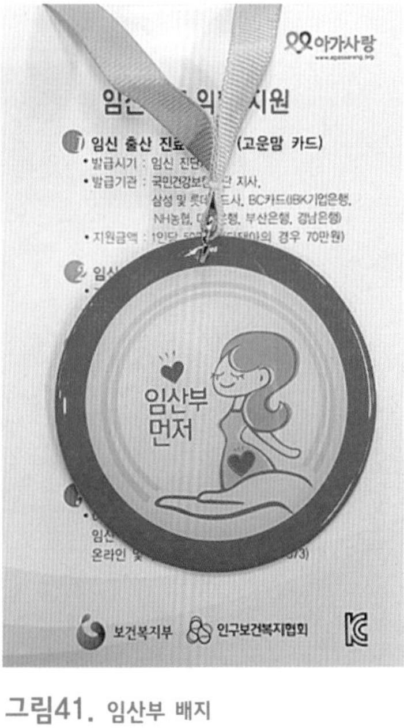

그림41. 임산부 배지

사실 이 임산부 배지를 잘 달지 않았기 때문에 새로운 대책으로 나온 것이 바로 임산부 전용석입니다. 임산부에게 임산부 표시를 달게 하는 정책이 효과를 거두지 못하자, 노약자석의 사례를 참조해 임산부에게 아예 전용석을 주자는 취지로 만든 셈입니다. 그러나 결과는 앞서 언급해 드린 대로 배지와 마찬가지로 실패했습니다.

왜 이 두 정책은 똑같이 실패했을까요? 사용자의 관점을 고려하지 않았기 때문입니다.

먼저 임산부 배지는 왜 필요했을까요? 이 배지의 주요 고객은 조금만 생각하면 아시겠지만 임산부임이 잘 드러나지 않는 초기 임산부입니다. 근데 정작 초기 임산부들은 이 배지를 외면합니다. 왜냐고요? 배지를 달았을 때 느끼는 불편함이 배지가 주는 효과보다 크기 때문입니다.

무슨 이야기냐 하면, 먼저 이 배지가 상당히 큽니다. 어른 주먹만 한 크기인데, 좌석에 앉은 사람의 눈에 띄어 양보를 받는 것이 주된 목적인 만큼 큼지막하게 디자인되었습니다. 하지만 이 배지의 고객이자 사용자인 임산부의 입장에서 생각해 보면 20~30대 여성이 주를 이루는 임산부들로서는 저렇게 큰 배지를 옷이나 가방의 눈에 잘 띄는 자리에 단 채 다니고 싶은 생각이 별로 안 듭니다. 눈길을 받는 게 부끄럽거든요.

이렇게 부끄럽지만 일단 몸이 너무 힘드니까 배지를 달아야겠다고 결심한다고 칩시다. 그런데 며칠 동안 배지를 달고 다녀보아야 좌석에 앉은 이들이 알아보고 양보해 주는 일은 별로 없습니다. 배지를 들이밀며 연장자에게 자리를 양보해 달라고 요구하는 것이 젊은 여성들에게는 말처럼 쉬운 일이 아닙니다. 초기 임산부라 티가 잘 나지 않을 때는 심한 경우 배지를 가짜로 단 것이 아니냐는 의심을 받기까지 합니다. 결국 얼마간 달고 다니다가 배지를 떼버립니다. '소용도 없는 걸 창피하게 뭐 하러 계속 달고 다녀?'. 임산부 배지는 이래서 실패하고 말았습니다.

그렇다면 임산부 배지의 대안으로 등장한 임산부석은 또 어쩌다가 실패했을까요? 임산부석에는 정책을 디자인할 때 고려하지 않았던 전혀 새로운 '사용자'가 등장했습니다. 바로 이 자리에 앉아 있는 임산부가 아닌 사람들이죠.

임산부석 정책을 설계한 이들은 아마 노약자석을 벤치마킹 대상으로 삼았을 겁니다. 노약자석은 노약자가 없어도 항상 비워둔 채 운행하죠. 이 정책을 처음 디자인한 이들은 단순히 책상머리에 앉아 임산부석도 노약자석과 마찬가지로 좌석에 표시를 하면 비워진 채 갈 것이라고 생각했겠지요. 그러나 현실은 그리 간단치 않아 새로운 사용자인 아주머니나 아저씨들은 이 자리를 사용하는 일을 전혀 거리끼지 않고 있습니다. 왜일까요?

(1) 주위의 눈이 없다

노약자석은 노인이 아닌 사람이 앉게 되면 이 자리의 '진정한 사용자'인 노인들로부터 당장 힐난을 듣게 됩니다. 심지어는 노인들끼리 자신이 나이가 더 많다면서 당신이 무슨 노인이냐며 자리를 다투는 풍경도 심심찮게 보게 되죠. 덕분에 원래 노'약'자석으로 임산부에게도 열려 있던 노약자석은 어느 순간 노인석으로 바뀌어버렸습니다. 설사 지하철 안에 노인이 없더라도 젊은 사람이 앉아 있으면 따가운 주위 시선을 의식하지 않을 수 없습니다. 그래서 자리를 항상 비워둔 채 갑니다.

반면 임산부석에 임산부가 아닌 이가 앉아 있다고 칩시다. 이때 이 자리의 진정한 사용자인 임산부가 상대를 힐난하며 자리 양보를 요구할 가능성은 거의 없습니다. 앞의 임산부 배지를 분석할 때 보셨듯이 대부분 젊은 여성인 임산부는 이 자리에 앉은 자신보다 나이 많은 이들에게 자리를 내달라고 요청하기가 쉽지 않습니다. 어떤 기사를 보면 기자가 만삭의 임산부처럼 꾸미고 자리에 앉은 중·장년들 앞에 섰더니 상당수 승객이 모른 척했다고 해요. 그러다가 임산부 차림의 기자가 자리를 양보해 달라고 말하니까 그제야 비로소 몰랐다며 멋쩍게 일어나는 경우가 대부분이었다고 합니다.

여담입니다만 이 자리에 제일 앉지 않는 사람이 누구냐 하면 젊은 여학생, 특히 중고생들입니다. 왜냐하면 이들은 임산부보다도 나이 서열상(?) 아래에 있어 노약자석에서 노인들에게 비난을 듣듯이 임산부에게 힐난을 들을 수 있거든요. 더불어 학생들은 여기 잘못 앉았다가는 주변 승객의 눈길을 받을 수 있지요. "쯧쯧, 딱 보니까 10대 애구먼, 어쩌다 임신을 해서 저기 앉아 가누" 하는 식으로 말입니다.

(2) 임산부가 안 보인다

저출산 고령화의 영향으로 지하철의 노약자석은 각 칸마다 적어도 열 석이 넘게 있지만 거의 꽉 차서 갑니다. 반면 임산부의 숫자는 많지 않고, 있다고 해도 임신 초·중반에는 임산부라는 게 눈에 띄지 않습니다. 따라서 이 자리에 앉은 이들에게는 자신이 앉아 가는 것을 정당화할 이런 논리가 생겨납니다.

"콩나물시루 같은 만원 열차에서 있지도 않은 임산부 몇 명을 위해 이렇게 많은 자리를 비워서 가는 게 맞느냐? 누구라도 앉아 가는 게 맞지. 임산부가 오면 그때 비켜주면 될 거 아니야."

하지만 이들의 생각과는 달리 임산부가 와서 자리를 비켜달라고 하는 일은 거의 발생하지 않습니다. 앞의 배지 사례에서 보셨듯이 대다수 임산부는 자신을 임산부라고 밝히며 나이 많은 이들에게 정당하게 자리를 양보받을 용기가 없습니다. 임산부 배지를 달면 그나마 낫겠지만 큰 배지를 가방이나 가슴에 달고 자리에 앉아 눈길을 받고 싶지는 않지요.

이런 두 가지 이유로 오늘도 지하철의 임산부석은 아무리 보아도 임산부로 보이지 않는 중·장년층 승객을 가득 채운 채 철길을 달리고 있습니다.

그럼 이 문제는 어떻게 풀 수 있을까요? 이 문제가 어려운 이유는 과제가 하나가 아니라 둘이기 때문입니다. 하나는 임산부를 위한, 다른 하나는 이 자리에 앉아 가는 비임산부를 위한 과제입니다.

임산부: 어떻게 하면 티가 안 나는 초기 임산부들이 굳이 자신이 임산부임을 말하거나 창피하게 커다란 배지를 달지 않고도 자리에 앉은 이들에게 임산부가 있다는 사실을 알릴 수 있을까요?

임산부석에 앉은 비임산부: 어떻게 하면 이들에게 노약자석에서처럼 도덕적 비난을 가하지 않고 자발적으로 자리를 양보하게 만들 수 있을까요?

불가능해 보인다고요? 천만에요. 이제까지 우리가 보아왔던 서비스디자인으로 실제로 이 문제를 해결한 곳이 두 군데나 있습니다. 이 두 가지 사례를 차례로 살펴봅시다.

2) 서비스디자인의 해결책 1: 곰 한 마리가 좌석에 있어

먼저 대전 지하철에서 시도한 아기 곰 인형입니다(그림42).[41] 어떻게 귀여운 아기 곰 인형 하나가 이 자리의 진짜 주인을 찾아줄 수 있을까요? 백문이 불여일견, 사진을 보시죠.

사진을 보아도 어떻게 작동하는지 감이 안 오신다고요? 이 책에서 제가 강조하는 사용자 경험을 생각해 보세요. 여러분이 임산부는 아닌데 이 좌석에 앉아 가고픈 사람이라고 생각해 보자고요. 그 사용자는 과연 이 서비스 여정에서 어떤 경험을 하게 될까요?

그림42. 대전 지하철 임산부석의 아기 곰 인형

이 자리에 앉기 위해서는 좌석에 줄로 연결된 곰 인형을 안고 타야 합니다. 중·장년층 여성은 물론이고, 특히 남성들에게 곰 인형을 끌어안고 이 자리에 앉는 건 굉장히 쑥스러운 일입니다. 앞서 임산부석과 노약자석의 차이를 '주위의 눈'이 있는지 여부라고 설명해 드렸는데, 곰 인형이 생기면서 '곰 인형을 가슴에 품고 임산부석에 앉아 가는 아재'는 주위 사람의 눈길을 한 몸에 받게 됩니다. 결국 노약자석에 앉는 것과 같은 경험을 하게 되지요.

꽤 효과적인 서비스디자인입니다. 하지만 '바람직한' 서비스디자인이냐고 제게 묻는다면 대답은 '글쎄요'입니다. 여기에는 세 가지 이유가 있습니다.

첫 번째 이유는 자발성의 문제입니다. 앞서 서비스디자인의 여러 장점을 설명했습니다. 넛지 이야기도 했습니다. 넛지와 서비스디자인의 핵심은 강제적이고 인위적인 수단을 쓰지 않고 '자발적인' 협조를 이끌어내는 것이었습니다. 곰 인형을 끌어안고 가는 게 쑥스러워 자리를 비우게 만드는 것이 강제적인 수단을 동원해 자리를 비우게 하는 것보다는 세련되고 자연스러운 수단임에는 틀림없습니다. 그러나 이 자리에 앉는 이에게 수치심을 주어 자리를 비우게 한다는 점에서는 여전히 '자발적인 협조'와는 거리가 있습니다.

두 번째로 곰 인형 해법은 결국 이 자리를 임산부가 나타날 때까지 비워두게 만드는 것을 목표로 합니다. 앞서 이 자리에 앉는 사람들의 정당화 논리 가운데 하나로 '만원 지하철인데도 자리를 비운 채로 가는 건 맞지 않는다'고 보는 심리 요인이 있다고 말씀드렸죠? 만원 지하철에 곰 인형을 놓아 억지로 자리를 비우게 한다면 임산부석에 대해 사람들이 갖는 인식은 점점 더 부정적으로 변할 테고, 이 서비스와 정책이 지향하는 '임산부에 대한 사회적인 존중을 불러일으켜 저출산 문제를 해결하겠다'는 최종 목표에 오히려 역효과를 야기할 가능성까지 생기게 됩니다. '임산부가 무슨 벼슬인가?' 하는 분위기가 나올 수 있다는 이야기입니다.

마지막으로 이 자리의 진정한 고객인 임산부의 입장이 되어보실까요? 사람들의 눈길 탓에 배지를 다는 것도 부담스러워하는 초기 임산부들이 곰 인형을 안은 채 이 자리에 앉아 사람들의 시선을 받는 일은 괜찮아할까요? 일부이겠지만 진짜 고객인 임산부조차 이 자리를 외면할 수 있습니다.

곰 인형 아이디어는 분명 탁월한 서비스디자인입니다. 쉽게 생각해 내기 힘든 대안이죠. 그러나 앞에서 지적한 한계들이 존재하고, 무엇보다 이를 해소한 더 좋은 대안이 나와 있습니다. 3장에서 마지막으로 소개드릴 다음 사례는 곰 인형 서비스디자인이 겪은 문제들을 거의 완벽하게 해결했습니다. 부산 지하철의 핑크 라이트입니다.

3) 서비스디자인의 해결책 2:
핑크 라이트

핑크 라이트는 임산부석 근처 기둥에 달아놓은 분홍색 빛을 발하는 장치입니다(그림43).[42] 2016년에 부산시, 김해국제공항, 김해시를 잇는 경전철에 임산부석이 시범 설치되었고 2018년부터는 부산 지하철 3호선에도 설치되었죠. 핑크 라이트가 어떻게 작동하는지 알기 위해 소개해 드릴 장치가 하나 더 있습니다. 같은 사진 오른쪽에 있는 조그만 무선 신호기입니다.

이 분홍빛 장치가 어떤 방식으로 작동하는지 사진만으로 짐작하실 수 있을까요? 눈썰미가 좋은 분이라면 아실 수 있겠지요. 오른쪽 사진에 보이는 휴대용 무선 신호기(비컨beacon)를 지닌 이가 임산부석 주변 1미터 안으로 다가가면 좌석에 설치된 핑크 라이트에 왼쪽 사진처럼 불이 들어옵니다.

그리고 사진상으로는 잘 보이지 않지만 핑크 라이트 본체, 임산부석 뒤쪽 벽과 아래 바닥에 "핑크 라이트가 켜지면 가까운 곳에 있는

그림43. 부산 지하철의 핑크 라이트와 무선 신호기

임산부에게 자리를 양보해 주세요"라고 쓰여 있습니다. 동시에 음성 안내도 흘러나옵니다.

핑크 라이트가 탁월한 이유는 앞서 실패한 정책들, 즉 임산부 배지와 임산부석이 마주쳤던 문제를 정확하게 꿰뚫고 고객과 사용자의 관점에서 해결책을 제시했다는 데 있습니다.

첫째, 임산부들이 배지를 외면했던 이유는 사람들의 눈에 잘 띄는 곳에 달고 다녀야 하기 때문입니다. 반면에 이 무선 신호기는 임산부들이 평소 들고 다니는 가방에 넣어두면 그만이며 밖에 내놓고 표시할 필요가 없습니다.

둘째, 임산부가 자리를 양보받기 가장 힘든 이유가 좌석에 앉은 자신보다 연장자에게 양보해 달라는 말을 꺼내기 힘들다는 점인데요. 핑크 라이트는 임산부가 그런 힘든 말을 하지 않아도 자연스럽게 불빛과 음성 안내를 통해 임산부를 대신해 앉아 있는 이들이 자리를 양보하도록 유도합니다.

셋째, 임산부석에 앉아 가는 이들은 임산부가 왔을 때 양보해 주면 되지 처음부터 왜 비워서 가느냐고 이야기합니다. 하지만 마음속으로는 임산부가 와도 알아보지 못하면 어쩌나 하는 찜찜한 생각을 갖고 있죠. 핑크 라이트는 이런 이들에게 아무런 부담 없이 자리에 앉아 갈 수 있도록 해줍니다. 더불어 바쁜 출퇴근 만원 지하철에서도 자리를 비운 채 가야 하는 비효율과 불편을 해소해 줍니다.

저는 강연을 할 때 항상 부산 지하철의 핑크 라이트 사례를 소개합니다. 물론 청중의 찬사가 이어지지요. 어떻게 이런 생각을 할 수 있느냐며 말입니다. 제가 보기에도 한국에서 나온 서비스디자인 중 가장 훌륭한 사례가 아닐까 싶습니다.

이런 아이디어는 어떻게 가능할까요? 여기까지 책을 읽어오신 여러분은 이미 답을 아실 겁니다. 제가 핑크 라이트 서비스를 디자인한 이와 만나 직접 이야기하지는 않았지만 서비스디자이너가 직접 현장을 찾아 체험해 보고, 사용자의 관점에서 어떤 방식으로 서비스를 이용하는지를 생각해 보았기 때문이라고 확신합니다.

특히 일차적으로 생각할 수 있는 '임산부'라는 사용자뿐만 아니라, 쉽게 생각하기 힘든 '비임산부'라는 2차 고객, 사용자의 심리까지 정확하게 파악하고 만들었다는 점에서 핑크 라이트 서비스는 정말 아무리 칭찬받아도 모자라다고 봅니다.

더 탁월한 점은 2016년 부산김해경전철에 시범 설치할 때만 해도 음성 안내는 없었고 불빛 안내 장치만 있었습니다. 이런 경우 자리에 앉은 이가 졸거나 일부러 조는 척하면 핑크 라이트는 무용지물이 되겠지요? 하지만 2018년 부산 지하철 3호선에 확대 설치하면서 음성 안내가 추가되었습니다. 이제는 졸거나 조는 척하는 이들도 자리를 양보하지 않을 수 없게 되었지요. 서비스디자인은 고객 경험을 바탕으로 발전합니다.

이처럼 탁월한 서비스디자인을 좀 더 폭넓은 분야로 확대할 수는 없을까 하고 고민했던 선구자들이 있습니다. 놀랍게도 세계 최초로 서비스디자인을 정부 정책에 대규모로 활용한 사례이자 세계 서비스디자인계로부터 인정받은 사례지요. 이미 책의 맨 처음에 소개해 드린 바 있는 '국민디자인단'입니다. 4장에서 다시 한번 국민디자인단을 만나보시죠.

4장

국민디자인단

1. 세계 최초의 서비스디자인 정책 집단, 국민디자인단

4장에 이르러 책의 첫머리에서 소개해 드렸던 국민디자인단으로 돌아왔습니다. 세계 최초로 서비스디자인 기법을 활용해 전 정부 부처와 지방자치단체를 망라하는 정책을 디자인하고 있는 국민디자인단을 본격적으로 말씀드릴 차례입니다. 국민디자인단의 시작은 2014년으로 거슬러 올라갑니다. 3장에서 잠시 언급한 범죄 예방 공간 디자인을 다시 소환해야겠네요.

1) 국민디자인단은 어떻게 시작되었나: 마포 소금길에서 파주 첫마을까지

소금길이라는 곳이 있습니다. 서울 중심가에 위치한 지역이지만 잘 알려지지는 않았지요. 신촌 이대역에서 나와 남쪽 한강 방향으로 서강대학교를 향해 내려가다 보면 마포구 염리동이라는 동네가 나오는데요. 매우 가파른 언덕에 위치한 동네인지라 교통이 좋지 않고 이런저런 불편함이 많아 예전부터 서민들이 모여 사는 이른바 산동네입니다. 역사를 더 거슬러 올라가면 인천 바다에서 한강 나루까지 실어 나른 소금을 서울 시내로 들여보내기 전에 소금 창고를 세워 저장해 두던 동네였습니다. 그래서 이름도 염리鹽里(소금장수가 많이 살던 마을)동이라고 붙었지요.

2012년 말 서울시 디자인정책과는 서비스디자인을 활용해 달동네의 범죄를 예방하는 프로젝트를 시작합니다. 마침 한국디자인진흥원이 2017년에 펴낸 『공공정책, 책상에서 현장으로』에 당시 프로젝트를 설명하는 부분이 있어 옮겨봅니다.[43] 한국디자인진흥원은 서비스디자인을 공공 부문에 적용하는 데 앞장서고 있는 기관입니다.

> '염리동 범죄 예방 프로젝트'는 서울시 디자인정책과가 계획하고 서비스디자인 기업인 팀인터페이스, 샘파트너스가 공동 수행했습니다. 범죄라는 주제에 대해 서비스디자인 방법론을 적용해 문제를 분석하고 해결한 대표 사례입니다.
>
> **무엇을, 어떻게 했는가?**
>
> 2012년 늦은 봄, 서울시 디자인정책과와 범죄예방디자인위원회 자문 위원들은 서울에서 범죄율이 높은 취약 지역을 골라 방문했습니다. 범죄 예방 공간 디자인 사업의 시범 대상지를 선정하기 위해서였습니다. 이들은 전형적인 달동네이자 재개발 예정지인 탓에 공공투자가 끊긴 마포구 염리동에 주목했습니다. 서울의 여러 범죄 다발 구역 중에서 염리동을 선정한 주요 이유는 지역 내 커뮤니티 활동이 활성화되어 있었기 때문입니다. 주민센터와 주민자치위원회를 중심으로 하는 사회적 기업이 활발하게 운영되었고, 주민 참여 프로그램도 꾸준히 진행되면서 지역공동체를 복원하려는 움직임이 나타나고 있었습니다.
>
> 염리동 범죄 예방 프로젝트를 맡은 팀인터페이스의 이성혜 대표

는 지역 주민들이 외출을 겁내며 집 안에 틀어박히지 않도록 사람들을 밖으로 끌어내고 모이게 하는 것이 문제를 해결하는 핵심이라고 판단했습니다. '살인마 오원춘 사건'에서 오원춘은 "여자가 소리를 질러도 주변에서 내다보고 도와주지 않을 것이라고 생각했다"라고 진술한 바 있습니다. 이런 범죄자의 심리를 억제할 필요가 있었지요. 그래서 인적이 드물어 무섭기만 했던 1.7킬로미터에 달하는 좁은 골목길에 행인이 오가고 아이들이 뛰어놀게 해서 자연스럽게 감시 기능이 생겨나는 것을 목표로 했습니다. 지역 특성상 추가적인 시설 투자가 불가능한 상황임을 고려해 지역 주민의 활동성 증가를 목표로 삼았습니다.

그림44. 소금길 프로젝트로 조성한 소금길 산책로(위, 가운데)와 노란색 대문의 소금 지킴이집(아래)

골목에 활기를 불어넣어 소통을 일으키고 이야깃거리를 제공하고자 '소금길'이라는 이름으로 건강, 문화, 커뮤니티의 통로 역할을 할 수 있는 길을 만들기로 했습니다. 과거 염리동은 소금 창고가 많아 인심이 후하기로 유명했던 동네였거든요.

먼저 주민들이 범죄 불안감을 느끼는 지점들을 연결해 1.7킬로미터의 소금길 산책로를 전문 트레이너와 함께 조성했습니다. 또한 긴급할 때 도움을 청할 수 있도록 눈에 잘 띄는 노란색 대문을 단 '소금 지킴이집'을 지정했습니다(그림44). 집의 대문 옆에는 비상벨을 두어 골목에서 위급할 때 큰 소리로 울려 위험을 알릴 수 있습니다. 길가에 가로등을 촘촘히 세우고 전봇대에도 비상벨을 다는 등 곳곳에 안전장치를 마련했습니다. 그리고 설치 비용이 CCTV의 3분의 1로 저렴한 IP 카메라를 설치해 주민들의 거점 공간이자 카페, 마을문고, 사랑방, 24시간 초소 기능을 하는 '소금나루'에서 모니터링합니다.[44]

소금길 프로젝트에서 중요하게 여겼던 점은 주민 참여를 통해 지속 가능성을 유지시켜야 한다는 것이었습니다. 그래야만 지역 주민의 불안감을 줄이고 슬럼화를 막을 수 있기 때문이죠. 프로젝트를 진행하는 동안 주민 공청회, 지킴이집, 커뮤니티 아트에 이르기까지 주민들과 함께 코크리에이션co-creation(이해관계자들이 참여해 새로운 아이디어를 창출하는 활동)을 수행하며 결과물을 만들어냈습니다.

결과는 어떠했나?

사업이 종료되고 나서 한국형사정책연구원이 실시한 6개월간의 효과 분석 결과 소금길 프로젝트의 범죄 예방 효과는 78.6%, 만족도는 83.3%로 조사되었습니다. 더욱 놀라운 것은 범죄에 대한 두려움이나 불안감이 줄면서 끊겼던 이웃 간의 소통이 살아

났다는 점입니다. 서울시는 '주거환경관리사업 범죄예방 환경설계 가이드라인'을 마련해 저소득층 및 노후 주거지역에 확대 적용하기로 했습니다. 마포구 염리동과 비슷한 상황인 영등포구 대림2동, 도봉구 도봉동, 구로구 구로동, 동작구 상도동, 성북구 정릉동, 은평구 응암동 등 좁은 골목길 열 곳이 범죄 예방 공간 디자인 대상 지역으로 선정된 것이죠. 이것은 소금길 프로젝트가 애초에 계획했던 확산의 목표를 달성했음을 의미합니다.

범죄 예방 공간 디자인의 첫 번째 사례이자 3장에서 언급해 드린 것처럼 한국에서 서비스디자인이 공공 부문에 정책으로 등장한 첫 번째 사례라고 하겠습니다. 이 선구적인 프로젝트는 수많은 언론의 관심을 받았고, 비슷한 시기 정부 혁신의 틀을 고민하던 행정안전부에서도 이런 새로운 접근 방식에 주목하게 되었습니다.

그 결과 행정안전부는 바로 다음 해인 2013년 브랜드 과제 테스크 포스를 발족시킵니다. 이는 정부 혁신을 추진하면서 실험적이고 도전적인 새로운 과제를 발굴하고 확대해 브랜드로 만드는 것을 목표로 하는 테스크 포스였습니다. 그리고 여기서 선택한 브랜드 과제 육성 후보군에 소금길 프로젝트와 같은 '디자인을 활용한 정부 혁신' 프로젝트가 포함되었습니다.

다시 얼마간의 준비 기간을 거쳐 그다음 해인 2014년에 '국민디자인단'이라는 이름하에 여러 시범 과제가 각 정부 부처에서 추진됩니다. 30여 개의 시범 과제가 비교적 좋은 성과를 거두자 2015년에는 이를 전 부처와 지방자치단체로 확대하지요.

주무 부처인 행정안전부도 전체 프로젝트를 총괄하는 것과는 별개로 자신들의 과제를 하나 정해 추진합니다. 이른바 '대성동 첫마을 프로젝트'가 행정안전부의 2015년도 국민디자인단 프로젝트였지요. 이 프로젝트의 대상이 된 대성동은 어디일까요? 경기도에 있습니다. 대학생들이 많이 찾는 대성'리'를 생각하셨나요? 아닙니다.

대성동은 〈1박 2일〉이라는 TV 프로그램에 한 번 나온 적이 있습니다. 굉장히 특이한 1박 2일의 체험이라서 소개되었죠. 뭐가 그렇게 특이한지 한번 보실까요?

이곳에 외부인은 출입증을 받지 않으면 들어갈 수 없고, 그나마 들어온 이들도 오후 다섯 시가 되면 모두 나가야 합니다. 마을 안의 모든 집들은 지금으로부터 40여 년 전 모습이며 그 흔한 슈퍼마켓이나 편의점 하나 없습니다. 그래도 여기는 사정이 나은 것이, 대성동 바로 옆의 기정동이라는 마을은 아예 외부인이 들어갈 수도 없습니다. 대성동 마을 주민조차 바로 옆 동네인 기정동에 가지 못합니다.

지금쯤이면 짐작할 수 있으실까요? 군인들이 완전무장한 채 이 마을을 지킨다는 힌트를 더 드리면 아마 나이 드신 분들 중에는 '아, 그곳이구나' 하실 분들이 계실 거예요.

경기도 파주시 대성동은 국내에서 하나뿐인 비무장지대 안의 마을입니다. 그래서 '대한민국 첫 마을'인 셈이죠. 그럼 옆 마을 기정동은 어디일지 짐작이 가시나요? 같은 비무장지대 안에 있는 북한 쪽 마을입니다. 두 마을 사이에는 철책이 가로놓여 있지만 서로 보이는 거리라고 해요. 그래서 대성동 마을에 있는 초등학교에서 운동회를 하면 건너편 기정동 주민이나 북한 군인들이 구경한다고 합니다. 하지만 절대 서로 마실을 갈 수는 없는 안타까운 이웃 마을이죠.

대성동 자체는 예전부터 있었던 마을입니다. 한국전쟁 후 군사분

계선이 마을 옆으로 그어지고 마을이 비무장지대 안으로 들어가게 되면서 한국 정부가 아닌 유엔사령부의 관할이 됩니다. 1959년에는 '자유의 마을'이라는 이름으로 대성동에 주택들이 조성되고요(그림 45).[45] 1960년대부터 북한을 상대로 체제 우위를 보여주는 시범 마을이 되어 기존 초가집을 양옥으로 새로 짓고, 마을 안에 거대한 국기 게양대를 세워 태극기를 게양했지요. 그러면서 이곳 주민들에게 여러 지원을 해주었습니다.

그러자 북한에서도 바로 건너편에 기정동이라는 선전 마을을 짓습니다. 두 마을이 남북의 체제 경쟁을 상징하는 공간이 되다 보니 한쪽이 국기 게양대를 상대보다 높이 설치하면 곧 다른 쪽도 게양대를 높이는 경쟁이 벌어졌지요. 지금도 나이 드신 분들 중에는 두 마을 간의 국기 게양대 높이 경쟁을 기억하시는 이들이 많습니다.

안타깝게도 대성동은 1980년대 이후 남북 간에 격차가 벌어지면서 체제 우위 선전용 마을로서 역할을 다하게 되었고, 정부 지원도 많이 줄어들었습니다. 집들은 1970년대 모습 그대로 남아 있고, 슈퍼마켓 하나 없는 불편한 생활도 달라지지 않았어요. 기존 주민들 중 일부는 마을을 떠났습니다.

매년 행정안전부는 대성동처럼 비무장지대 인근에 있어 어려움이 많은 이른바 '접경지대 마을'을 특별 지원하고 있습니다. 대성동에도 2015년 예산을 확보해 집을 고쳐주는 프로젝트를 추진했습니다. 그런데 앞서 말씀드린 대로 2015년 행정안전부가 대성동을 국민디자인단 프로젝트로 추진하게 되면서, 책 맨

그림45. 1959년 파주 대성동 '자유의 마을' 주택 입주식

그림46. 2016년 대성동 마을기록 전시관 개관식

앞에서 소개해 드린 농림축산식품부 프로젝트와 마찬가지로 사업 내용에서 큰 변화가 생겨납니다.

이미 여러 차례 말씀드렸듯이 국민디자인단은 기존의 천편일률적인, 그리고 공무원들이 책상머리에서 만드는 정책과 서비스에서 벗어나 고객의 관점에서 진정한 요구를 파악해 사용자 경험을 증진시키는 것을 목적으로 하고 있습니다. 이 경우도 예외는 아니어서 행정안전부 대성동 프로젝트 국민디자인단은 한 번 가기도 힘든 대성동을 여러 차례 찾아갑니다. 대성동은 서울에서 거리가 멀기도 하지만, 출입국 심사를 방불케 하는 긴 출입 절차를 거쳐야 하는데다 오후 다섯 시가 되면 주민이 아닌 이들은 마을 밖으로 나가야 하기 때문에 방문한다고 해도 실제 머무는 시간은 몇 시간 되지 않았다고 합니다.

국민디자인단은 마을 현장을 조사하고 주민 대표들과 여러 차례 대화하며 고객인 주민들의 요구 사항을 찾아낼 수 있었습니다. 그게 무엇이었을까요? 주민들은 낡은 집을 보수해 주는 것도 좋지만, 자신들이 세계적으로도 유례없는 특수한 지역에서 오래 살아오며 남긴 기억들이 보존되기를 원했습니다. 그래서 국민디자인단의 최종 제안은 주택 보수 비용으로 책정된 예산의 일부를 활용해 마을회관 안에 마을기록전시관을 만들라는 것이었습니다. 2015년 행정안전부 국민디자인단의 제안이 받아들여져 2016년 6월 대성동 마을회관을 고쳐 마을기록전시관을 열게 됩니다(그림46).[46] 주민들의 기억을 보존하는 동시에 대성동 마을을 찾는 외부인들에게도 이 마을이 품은 독특한 역사와 아픔을 쉽게 알려줄 수 있는 공간이 필요하다는 것이었죠.

2) 국민디자인단은 어떻게 일하나?

국민디자인단이 일하는 방법은 앞서 3장에서 설명해 드린 서비스디자인의 각종 추진 기법과 같기에 여기서 길게 동어반복을 할 필요는 없을 것입니다. 다만 기억을 되살리는 차원에서 간단하게 짚어본다면 다음과 같은 기법들이 사용됩니다.

- ▹ 문제 해결을 위해 다양한 아이디어를 수렴하고 다시 다양한 대안을 모색한 뒤에 그중에서 최적의 대안을 찾아내는 더블다이아몬드 모델
- ▹ 고객의 입장에 서서 서비스 여정을 순차적으로 그려내는 고객 여정맵
- ▹ 실제 서비스 여정을 따라가기 위해 상정하는 가장 대표적인 고객 퍼소나

▹ 고객여정맵 중에서 가장 불편한, 그래서 개선해야 할 부분인 페인 포인트
▹ 페인 포인트를 찾기 위한 심층 인터뷰, 집중 관찰, 직접 체험

여기서는 국민디자인단의 1년이 어떻게 되는지 한번 짚어보지요.

(1) 1~2월

행정안전부 국민참여혁신과(구 국민참여정책과)에서 연간 국민디자인단 운영 계획을 수립합니다. 이때 실제 사업 수행을 함께하는 한국디자인진흥원과 의논해 계획을 만듭니다.

(2) 3~4월

모든 정부 기관과 지방자치단체에 국민디자인단 운영 계획이 전달되면 각 기관은 국민디자인단을 운영하기 위한 추진 과제를 선정합니다. 이때 행정안전부 국민참여혁신과와 한국디자인진흥원은 여러 지역을 돌며 각 기관의 국민디자인단 운영자 워크숍을 개최합니다. 처음으로 이 업무를 맡는 이들을 대상으로 이 책에서처럼 서비스디자인이 무엇인지 소개하고, 우수 사례를 보여주고, 실제 앞의 방법론을 이용해서 실습도 합니다. 서비스디자이너들을 모셔서 각 기관이 추려온 국민디자인단 후보 과제들을 놓고 상담 컨설팅도 하지요.

(3) 5~6월

각 기관은 국민디자인단 추진 과제를 선정하고, 일정을 포함한

그림47. 2015년 국민디자인단 성과공유대회 발표 장면

추진 계획을 만든 뒤에 서비스디자이너가 함께하는 국민디자인단을 섭외합니다. 행정안전부 국민참여혁신과와 한국디자인진흥원은 각 기관에 서비스디자이너를 소개해 주고, 심사를 거쳐 일부 기관에는 서비스디자이너와 관련된 인건비와 운영에 들어가는 비용까지 지원해 줍니다.

(4) 7~10월

각 기관은 총 10주 정도의 국민디자인단 활동을 추진합니다. 앞서 살펴본 다양한 서비스디자인 기법을 활용해서 고객의 진정한 요구를 찾고 이를 해결하기 위한 정책 대안을 만듭니다. 행정안전부와 한국디자인진흥원은 기관별 진행 상황을 점검한 뒤에 성과가 예상되는 유망한 프로젝트들을 대상으로 엄격한 심사를 거쳐 대안이 실제 구현되도록 사업 비용을 지원해 줍니다.

(5) 11월

1년 동안의 국민디자인단 활동을 총정리하는 성과공유대회가 열립니다(그림47).[47] 앞서 심사를 통해 사업비를 지원받은 프로젝트들을 중심으로 약 20개 기관이 국민디자인단이 거둔 성과를 발표하고, 이 중 최우수와 우수 프로젝트 수행 기관들에게 상금을 수여합니다.

(6) 12월

국민디자인단의 활동은 끝났지만, 다음 해에 보다 개선된 국민디자인단 운영을 위해 각 기관의 책임자와 서비스디자이너가 한자리에 모여 간담회를 갖습니다. 각 기관이 운영하며 느낀 불편한 점을 듣고, 이를 다음 해 1~2월에 연간 운영 계획을 수립하는 데 반영하지요.

3) 국민디자인단은 무슨 성과를 거두었나?: 인천시 미추홀구와 서울시 중구의 사례

국민디자인단은 2014년 시범 운영으로 시작한 이래 매년 최대 300여 개 기관에서 운영되어 왔기에 그간의 주요 성과를 이 책에 전부 요약하기 어렵습니다. 여기서는 2014년 최초 출범부터 시작해 제가 행정안전부 국민참여정책과장으로 국민디자인단을 운영했던 2016~2018년에 어떤 성과가 어떻게 구축되었는지를 실제 사례와 함께 간략히 이야기해 볼까 합니다.

먼저 2014년에서 2015년 사이에 국민디자인단 프로젝트를 전파하려던 초기 선구자들은 매우 힘든 과정을 겪어야 했습니다. 당시에는 각 기관들이 서비스디자인을 거의 이해하지 못하던 상황이었거든요. 개념을 설명하기 힘든데다가 실제 국민디자인단을 이끌고 나갈 서비스디자이너의 수도 그리 많지 않았습니다. 각 정부 기관의 담당자들이 불과 몇 시간 교육을 받은 뒤에 서비스디자이너 역할을 맡아 프로젝트를 운영하는 웃지 못할 사례도 여럿 있었습니다.

그 결과 **안타깝게도 상당수의 초기 국민디자인단 과제는 실제로는 서비스디자인이 아니라 전형적인 환경디자인이나 제품디자인으로 귀결되는 상황이 많았습니다.** 특히나 초기 성공 사례인 염리동 소금길 프로젝트가 예시로 소개되다 보니 해당 프로젝트의 본질인 '범죄를 예방한다'는 문제 해결 효과는 가려지고 달동네를 새롭게 단장해 사람들의 발길을 끌었다는 외형적인 결과만 주로 부각되었죠. 이런 이유로 서비스디자인을 '낙후된 지역의 새 단장 프로젝트'로 이해한 기관들이 많았습니다. 여기에 더해 이 시기에 기존의 재개발 방식을 대체하는 도시 재생 사업이 전국적으로 붐을 일으키기 시작했고, 벽화나 각종 편의 시설을 설치해 구도심에 활력을 불어넣는 지자체 사업들이 몇 군데에서 성공하면서 국민디자인단을 '생활환경 디자인단'으로 잘못 이해하고 사업을 추진한 곳이 많았습니다.

이런 혼란은 서비스디자이너의 인력 저변이 매우 부실했기에 상당수 프로젝트에서 서비스디자이너가 아닌 건축·환경 디자이너가 서비스디자이너 역할을 맡았던 탓도 큽니다. 이분들이 맡은 프로젝트들은 대부분 기존의 열악한 주변 환경에 디자인 요소를 도입해 보다 쾌적한 환경을 조성하는 방향으로 흘러가는 경우가 많았습니다. 서비스디자인의 핵심이라고 할 고객여정맵이나 심층 관찰 등이 제대로 활용되지 못했지요.

2016년에 제가 국민디자인단을 새로 맡게 된 시점에도 이런 경향은 크게 바뀌지 않았습니다. 전임 과장님들이 저변이 약한 중에도 열성적으로 서비스디자인 개념을 알렸고, 저도 부임한 뒤에 틈날 때마다 전국을 돌며 서비스디자인의 본질에 대해 강연했습니다. 하지만 많은 기관들이 여전히 생활환경 디자인 프로젝트에, 이를테면 동네의 어두운 굴다리나 터널 같은 우범 지역에 밝은 그림을 그려 넣는 접근 방식에 머물렀죠.

다행스럽게도 시간이 흐르면서 많은 분들의 노력이 서서히 성과로 나타나기 시작합니다. 4년 차인 2017년을 기점으로 서비스디자인에 대한 이해도가 높아졌는데요. 단순히 환경을 바꾸는 게 아니라 실제적으로 정책을 디자인하고 문제를 해결하는 것이 국민디자인단의 역할이라는 점을 많은 기관들이 인식하게 되었습니다. 더불어 한국디자인진흥원과 서비스디자인을 전공하신 교수님들의 적극적인 활동으로 디자이너들 사이에서도 서비스디자인에 대한 이해도가 급격하게 올라갔어요. 오로지 서비스디자인을 전문으로 하는 기업들도 하나둘씩 생겨났으니까요.

여기서 기존의 환경디자인에서 진짜 서비스디자인으로 변화해 온 사례를 두 개 들어보겠습니다.

먼저 인천시 미추홀구의 사례입니다. 미추홀구에는 아파트촌으로 둘러싸인 호미마을이라는 이름의 달동네가 있어요. 2016년도까지만 해도 이 지역 역시 다른 국민디자인단들처럼 골목길에 벽화를 그리고 (그림48)[48] 소금길 사례를 참고해서 기초적인 범죄 예방 공간 디자인, 예컨대 가로등에 노란색 페인트를 칠하다든가 하는 환경정비 사업 국민디자인단을 운영했습니다. 여기까지는 다른 국민디자인단과 크게 차별화되지 않았습니다.

그림48. 2016년 진행한 호미마을 골목길의 벽화

그다음 해인 2017년에도 미추홀구는 호미마을에 계속해서 국민디자인단을 운영합니다. 그런데 이번에는 환경정비 쪽이 아니라

그림49. 2018년 3월에 완공된 호미마을 햇빛발전소 1호기

주민들이 가장 불편을 느끼는 점을 서비스디자인 기법을 통해 찾아내 개선한 결과인 '햇빛발전소' 프로젝트를 출범시켰습니다.

햇빛발전소가 뭐냐면요. 호미마을도 여느 달동네처럼 생활 인프라가 낙후된 곳이에요. 길은 골목골목으로 이어지고 도로 폭도 좁아 자기 집 앞에 차를 세우기도 어려운 여건입니다. 그래서 먼저 마을의 빈집을 허물고 주차장을 조성해 심각한 주차 문제를 해결했지요. 동시에 그 주차장 지붕에 태양열발전 설비를 설치했습니다. 호미마을 주민의 상당수는 극빈층 또는 고령자라 생활 보조금에 의존해 생활하는데, 이런 지역 주민들의 자활 사업을 지원한다는 양수겸장의 아이디어가 바로 햇빛발전소 프로젝트입니다(그림49).[49]

햇빛발전소 프로젝트를 통해 주민들이 낸 소액 출자금과 구청의 지원금을 합쳐 태양열발전 협동조합을 구성하고, 빈집을 허물어 조성한 주차장에 지붕 대신에 태양열 발전판을 설치합니다. 이 발전소를 통해 나오는 수익은 출자한 주민들이 나누어 소액이나마 자활의 기쁨을 느끼게 했습니다.

사진을 보시면 햇빛발전소 뒤쪽으로 재개발된 고층 아파트 단지가 위치해 있습니다. 낡고 허름한 단층집이 대부분이라는 달동네의 단점을 오히려 볕이 잘 들어 태양열발전에 유리하다는 역발상으로 승화시킨 탁월한 아이디어였지요. 이 햇빛발전소 프로젝트는 2017년 국민디자인단 성과공유대회에 발표되고 행정안전부 장관상을 수상한 바 있습니다.

두 번째로 말씀드릴 곳 역시 놀라운 변화를 만들어낸 경우입니다. 2017년 서울시 중구의 사례를 소개하지요.

매년 서울시 중구는 낙후된 을지로 일대의 도시 재생 사업을 국민디자인단을 통해 추진해 왔습니다. 서울시 중구, 아니 '서울의 1번지'라고 불리는 명동 지역은 다들 아시듯이 외국인 관광객으로 불야성을 이루며 화려하게 발전하고 있습니다. 하지만 명동 인근의 을지로와 충무로는 과거에 문전성시를 이루었던 공구 상가, 골동품상, 재래시장, 인쇄소 등이 점점 온라인 상점이나 대기업 소유의 마트에 밀려 쇠퇴일로를 걷고 있습니다. 이렇게 낙후된 충무로와 을지로를 되살려내는 도시 재생이 중구의 시급한 과제였지요. 그래서 2017년에 서울시 중구는 충무로의 도시 재생 사업을 국민디자인단 프로젝트로 추진하기로 결정합니다.

충무로라고 하면 여러분은 무엇이 생각나시나요? 아마도 영화가 생각나는 분이 많으실 겁니다. 미국의 영화 중심지가 할리우드이듯이 한국의 영화 중심지는 충무로였고, 그 전통이 이어져서 아직도 한국 영화계를 비유할 때 충무로라고 많이들 이야기하니까요.

잠시 개인적인 사실을 밝히자면, 사실 저는 공직에 들어오기 전에 1년 정도 영화계에서 일한 적이 있습니다. 1990년대 말이었는데 당시에도 이미 충무로에서는 영화업이 쇠퇴하는 중이었습니다. 아직 중소 규모 영화사 몇 곳이 남아 있었지만 1990년대 후반이 되면서 충무로의 영화사들은 삼성이나 CJ 같은 대기업들에게 자리를 내주었으니까요.

저도 그 무렵 충무로를 몇 번 방문한 적이 있습니다만 영화 제작에서 손을 뗀 지 오래인 원로 제작자들이 명목뿐인 사무실에서 과거 좋았던 시절 얘기를 나누며 소일하는 모습을 직접 목격했습니다.

그럼 영화사가 사라진 뒤의 충무로에는 어떤 산업이 형성되었을까요? 이곳에는 현재 **소규모 인쇄 업체들이 골목 여기저기에 빼곡하게 입점해 있습니다.** 일찍이 일제강점기부터 충무로에는 영화 홍보 전단을 찍고 영화 간판을 만드는 업체들이 들어오기 시작했지요. 그리고 영화 산업이 충무로를 떠난 뒤에도 소규모 인쇄 업체들은 살아남아 이 지역을 인쇄 골목으로 만들었습니다. 그렇지만 스마트폰이 등장하면서 인쇄 산업도 점차 사양 업종으로 접어드는 추세인지라 충무로의 인쇄 업체들 역시 근처의 을지로 공구 상가들과 비슷하게 쇠퇴의 길을 걷고 있었습니다.

여기까지가 2017년 서울시 중구가 '충무로' 프로젝트를 시작하게 된 배경입니다.

처음에 중구 국민디자인단은 2016년 추진된 바 있는 을지로 환경 개선 디자인단처럼 충무로의 지저분한 환경을 정비해 인쇄 관광 골목으로 만들겠다는 방식으로 접근했습니다. 그런데 중구청에는 2015년에 국민디자인단이 시작할 때부터 해당 업무를 3년째 맡아온 주무관이 있었습니다. 매년 국민디자인단 사업에 참여하며 이해도를 높여가던 이 주무관은 국민디자인이 단순한 환경디자인이 아니라 무엇인가 실제적으로 '문제를 해결'하는 '서비스'디자인이라는 사실을 잘 이해하고 있었지요.

그가 보기에 **충무로의 환경을 정비해 인쇄 관광을 부흥시키겠다는 계획은 해당 지역의 고객이자 수요자인 영세 인쇄 업체들과는 아무런 관계가 없는, 그야말로 서비스 공급자인 구청의 관점만 반영된 프로젝트였습니다.** 그래서 해당 주무관은 중구 국민디자인단과 지속적으로 논의하면서 수요자인 충무로 인쇄 업체들이 품고 있을 진정한 요구가 무엇인지 파악해보기로 합니다.

영세 인쇄 업체들은 쇠퇴의 길을 걷고 있지만, 이를 극복하기 위한 방법은 찾지 못하고 있었습니다. 영화 간판이나 전단 제작으로 시작한 소규모 다품종 영세 업체라는 태생적인 한계, 협소한 지역 내의 공간 문제 등에 따라 도심 변두리에 큰 공장을 짓고 책을 만드는 대규모 인쇄 업체와 경쟁할 수가 없었거든요. 더 나쁜 것은 전단과 홍보물의 수요가 점점 줄고 있다는 점이었습니다. 어느덧 세상의 흐름이 전단 등을 인쇄해서 배포하기보다 온라인에서 사람을 모으는 쪽으로 변하고 있으니까요.

그런데 최근 들어 새로운 트렌드가 생겨나고 있습니다. 출판사를 거치지 않는 소규모 출판, 개인 출판을 시도하는 사람들이 늘고 있지요. 소셜 미디어나 블로그 등에 자신이 직접 올린 글을 모아 책으로 묶어 내고 주변 지인들에게 전달하는 1인 출판이 유행하고 있습니다. 2017년 중구 국민디자인단은 이런 트렌드에 주목했습니다. 충무로에는 전단을 디자인하는 조그만 회사가 있고, 대규모 인쇄는 어렵지만 수백 부 정도는 빠르고 저렴하게 찍어낼 수 있는 소규모 인쇄 업체도 있습니다. 이들이 연합한다면 1인 출판, 소규모 출판 수요에 대응해 새로운 판로를 개척할 수 있지 않을까요?

이를 통해 중구 국민디자인단은 초기에 냈던 '인쇄 관광'이라는 아이디어를 대폭 축소하고 새로운 아이디어인 '지붕없는 인쇄소'를 추진하자는 결론에 이릅니다(그림50).[50, 51] 충무로 내에 더 이상 쓰지 않는 빈 건물을 구청이 매입해 제공하고 소규모 분야별 업체들이 지분을 출자해 참여하는 지붕없는 인쇄소 조합을 만드는 것이죠. 이를

그림50. 충무로 지붕없는 인쇄소

70미터 남짓한 충무로 인쇄 골목에는 디자인, 인쇄, 접착, 코팅 등 책 한 권을 만드는 데 필요한 모든 공정이 모여 있다.

통해 대규모 인쇄소가 하지 못하는 1인 출판, 소규모 출판이라는 분야에 새롭게 진출합니다. 국민디자인단은 공간을 디자인했을 뿐만 아니라 로고도 디자인했고 독립 출판 작가들과의 연계도 추진했습니다. 인근 을지로의 공구 상가 쪽에 1인 출판으로 만든 책을 취급하는 서점을 낼 것도 제안합니다.

결과적으로 현재 충무로와 을지로를 잇는 옛 공구 상가와 인쇄소 지역에는 새롭게 활력이 솟고 있습니다. 젊은이들이 들어와 가게나 공방을 열고 다시 사람들을 불러 모으고 있죠. 흔히 말하는 힙hip 한 동네로 태어나는 중입니다.

호미마을 햇빛발전소와 충무로 지붕없는 인쇄소 사례가 보여주듯

2017년을 기점으로 국민디자인단은 더 이상 환경디자인 영역에 머물러 있지 않습니다. 서비스디자인의 본질, 즉 수요자의 관점에서 진정한 요구를 파악하고, 이를 통해 본질적으로 문제를 해결하는 활동으로 질적 전환을 이루기 시작했습니다.

특히 국민디자인단이 힘을 발휘하는 영역은 도시 재생 등 **사회 혁신** social innovation 분야입니다. 사회 혁신이란 정부나 대형 단체가 주도하는 기존의 혁신에 대한 대안으로, 지역 주민이 참여하는 소규모 조직이 지역에 긍정적인 변화를 불러오고 이를 통해 난제를 해결하는 방식을 의미합니다.

예를 들어 기존의 도시재개발 사업은 원래 해당 동네에 살았지만 재건축된 신축 아파트의 비싼 가격을 부담하기 힘든 주민들이 쫓겨나는 문제가 있었지요. 반면 사회 혁신이 적용된 도시 재생 사업은 원주민이 기존 삶의 터전을 유지하면서 지역의 경제 활력도 회복하는 대안을 만들어가고 있습니다. 이때 앞서 소개한 범죄 예방 공간 디자인을 비롯해 각종 서비스디자인과 디자인 싱킹 기법이 활용되면 단순한 환경 미화를 넘어서는 새로운 아이디어가 생겨나지요.

당장 제가 기억나는 국민디자인단의 우수 프로젝트만 해도 다음과 같습니다.

- 대전의 지역 내 청년 가게들의 지역 통화 유통하기
- 전주의 대학가 공동체 살리기
- 인천의 독거노인과 아이 돌봄을 연결한 육아 커뮤니티 만들기
- 부산의 독거 남성들에 대한 요리 커뮤니티 만들기(152쪽 '덧붙이기' 코너를 참조)

난제 Wicked Problem

원어 그대로 번역하면 '사악한 문제'입니다. 보통은 이해하기 쉽게 난제라고 번역하죠. 여러 문제가 얽혀 있어 기존 방식대로 해결하려고 하면 다른 방향에서 예상하지 못한 문제가 발생하는 상황을 가리킵니다. 대표적인 난제로 지구온난화를 들 수 있어요. 선진국들은 지구온난화 대책을 주로 지지하는 반면에 개발도상국들은 이에 동참하기를 거부하는 경우가 많지요. 이유인즉, 선진국에서는 지구온난화를 심화시키는 굴뚝 산업이 거의 사라졌고 이 산업들을 의도적으로 이미 개발도상국으로 이전시켰거든요. 지구온난화 방지에 따른 경제 피해를 선진국이 아닌 개발도상국에게 전가시킨다는 이야기죠.

과거에는 정부가 풀어야 할 문제가 단순했고, 어렵지 않게 정책을 만들어 집행하면 되었습니다. 하지만 시간이 흐를수록 발생하는 문제의 양상이 복잡해졌고, 이를 정부 혼자 풀어내기가 역부족인 경우가 많아졌지요. 사회 혁신은 오늘날 발생하는 여러 난제를 해결할 수 있는 접근법으로 각광받고 있습니다.

이 프로젝트들은 단순하게 도시환경 개선에 그치는 것이 아니라 지역 안에서 이미 단절이 심화된 주민이나 상인들 사이에 어떻게 하면 소통과 공유의 장을 만들지를 고민했던 사업들입니다. 물론 모두 목적에 맞는 성과나 긍정적인 효과를 달성했지요.

✔ 덧붙이기

'중구'들은 왜 도시 재생에 앞장서는가?

앞서 인천시 미추홀구와 서울시 중구의 국민디자인단 사례를 보여 드렸습니다. 둘 다 쇠퇴한 지역에 활력을 불어넣는 도시 재생 사업을 테마로 추진한 사례죠.

여기서 간단한 질문을 하나 드리죠. 대한민국에 특별시, 광역시, 특별자치시를 합치면 모두 몇 곳이나 될까요? 답은 서울, 부산, 인천, 대구, 광주, 대전, 울산, 세종 이렇게 총 여덟 곳입니다.

이 중 광주시와 새로 만든 세종시를 제외한 다른 여섯 도시에는 모두 '중구'가 있습니다. 그리고 이 중구들은 예외 없이 도시 재생을 추진하고 있죠. 왜냐하면 '가운데 구'라는 이름에 걸맞게 이들 모두가 예전에 도시의 중심이었고 지금은 쇠퇴해 가는 지역이기 때문입니다. 대부분의 광역시가 기존에는 개발되지 않았던 변두리 지역에 아파트 중심의 쾌적한 주거지역을 조성했고, 인구가 그쪽으로 급격하게 빠져나가면서 기존의 구도심은 과거의 영광을 잃어버리고 점차 슬럼화하는 상황을 겪고 있습니다. 중구뿐만 아니라 인근의 자치구들도 마찬가지입니다.

그중에서도 가장 심각한 사례는 부산일 것입니다. 부산의 구도심을 이루는 중구, 서구, 동구, 영도구 네 구는 지난 2018년 1월 구청장들과 시장이 모여 2022년까지 통합하는 데 합의했습니다(그림51).[52] 어째서 스스로 기득권을 내려놓으면서까지 통합을 추진할 수밖에 없었을까요?

국민디자인단 업무로 부산에 출장을 가보면 잘 발전된 해운대구와 이들 구도심 지역 간의 차이가 너무나 극명합니다. 해운대구는 홍콩을

그림51. 부산 구도심 4개 구(중구, 서구, 동구, 영도구) 통합 기자회견

방불케 하는 고층 빌딩의 스카이라인을 자랑하지만 구도심의 상당수 지역은 주민의 절반 가까이가 복지 대상자인 실정이에요.

2018년 구도심에 위치한 어느 구는 국민디자인단 과제로 **지역 내 독거 남성들을 위한 요리 교실**을 여는 프로젝트를 제시했습니다. 현장을 방문하기 전에는 대체 왜 남성들만을 대상으로 하는 요리교실을 열까 의아했습니다. 그런데 방문해서 실제 참석 대상자인 50여 명의 독거 남성들의 집을 조사한 자료를 읽어보니 납득이 가더군요. 이 독거 남성들은 거의 모두 주방은커녕 제대로 된 조리 도구 하나 없는 단칸 방에 살며 하루 한 끼도 겨우 라면이나 편의점 도시락으로 때우고 있었습니다. 여성과는 달리 평생 제대로 조리해 본 적이 없는 이들에게 꼭 필요한 프로젝트였지요.

이처럼 도시 재생을 계획할 때 국민디자인단이 참여하면 고객인 지역 주민의 실제적인 수요가 반영되는 장점이 있습니다. 최근 들어 기존 거주자를 내모는 대규모 재개발이 지양되고 주민들과 함께 종래의 도시를 보존하며 활력을 찾는 도시 재생 사업, 주민들이 자신들의 문제를 스스로의 힘으로 해결하는 사회 혁신 사업이 전국 각지에서 추진되고 있습니다. 어찌 보면 국민디자인단은 2014년부터 선구자로서 이를 추진해 왔다고 할 수 있습니다. 만약 전국의 광역이나 기초자치단체장을 맡은 분들이 이 책을 읽을 기회가 생긴다면 사회 혁신이나 도시 재생 사업을 수행할 때 국민디자인단과 서비스디자인을 적극 활용하기를 권해드리고 싶습니다.

4) 세계의 인정을 받은 국민디자인단

국민디자인단은 2016년 독일 iF 재단이 시상하는 iF 디자인 어워드에서 서비스디자인 부문 금상을 수상했습니다(그림52).[53]

이 수상은 한국 디자인 업계에서 작은 화제가 되었는데요. 그냥 상 하나 받은 것이 무슨 화제가 되겠느냐 싶으시겠지만요.

첫째, **iF 어워드는 레드닷 어워드, IDEA 어워드와 함께 세계 3대 디자인상 중 하나입니다.** 이 가운데 iF 어워드는 제품에 수여되는 상으로 한국에서는 주로 LG, 삼성, 현대자동차 등 유수의 기업 제품들이 이 상을 받아왔습니다. 디자이너들은 여기서 상을 받는 것을 대단한 명예로 생각하지요.

둘째, 그중에서도 금상gold award입니다. 전체 시상식에서 수백 개의 상이 주어지지만 최고상인 금상은 부문별로 몇 개 주어지지 않고 사진에서 보이듯이 시상대에 올라가는 영예도 누립니다. 2016년도의 경우 5000여 점의 출품작 중 75개 작품만이 금상을 받았습니다.

그림52. 2016년 독일 iF 어워드에서 서비스디자인 부문 금상을 수상하는 한국 국민디자인단 관계자들. 왼쪽부터 한국디자인진흥원 윤성원 PD, 안나영 대리, 행정안전부 장헌범 과장.

셋째, 한국 국민디자인단이 받은 금상은 그냥 금상이 아니라 **새롭게 추가된 부문에 수여된 최초의 금상으로 iF 어워드 역사에도 남게 되었습니다.** iF 재단은 2016년도에 처음으로 시상 부문에 서비스디자인을 넣었는데, 수십 개의 출품작 가운데 유일하게 한국의 국민디자인단에게만 금상을 수여했습니다.

전문 디자이너도 아니고 제품을 디자인하는 것도 아닌 정부 기관이 그렇게 받기 어렵다는 iF 어워드 금상을 수상했다는 사실이 놀라움을 안겨주었습니다. 당시 iF 재단의 심사평을 들어보면 사회문제를 디자인을 통해 해결하겠다는 완전히 새로운 시도에 경의를 표한다는 표현이 담겨 있습니다.

앞서 1장에서 말씀드린 것처럼 디자인의 패러다임은 최근 크게 변화하고 있습니다. '손으로 하는' 제품디자인에서 벗어나 다양한 사회문제를 '발, 귀, 입을 써서' 현장에서의 참여와 서비스디자인 기법을 통해 해결하는 쪽으로 급속하게 발전해 가고 있지요. 이런 변화 양상을 반영해 2016년 iF 재단은 서비스디자인 부문을 시상 분야에 추가한 것이고요.

그런데 한국 국민디자인단의 수상 사례가 국내를 넘어 세계적으로도 큰 영향을 끼친 것이 아닐까 하는 생각이 듭니다. 다소 자화자찬인 듯하지만 이런 생각을 하게 된 이유가 있어요. 우리 국민디자인단이 상을 받은 게 2016년 2월이었고, 지금 여러분이 읽고 계시는 이 책을 집필한 게 2018년 11월인데요. 2년여 정도 시간이 흐른 시점에 책을 쓰며 문득 iF 어워드 홈페이지에 들어가 보았지요. 그랬더니 첫 화면이 어떻게 되어 있느냐면요.

서비스디자인 부문이 사회적 변화상Social Impact Prize이라는 별도의 시상식으로 발전해 홈페이지 대문을 장식하고 있었습니다(그림53).[54]

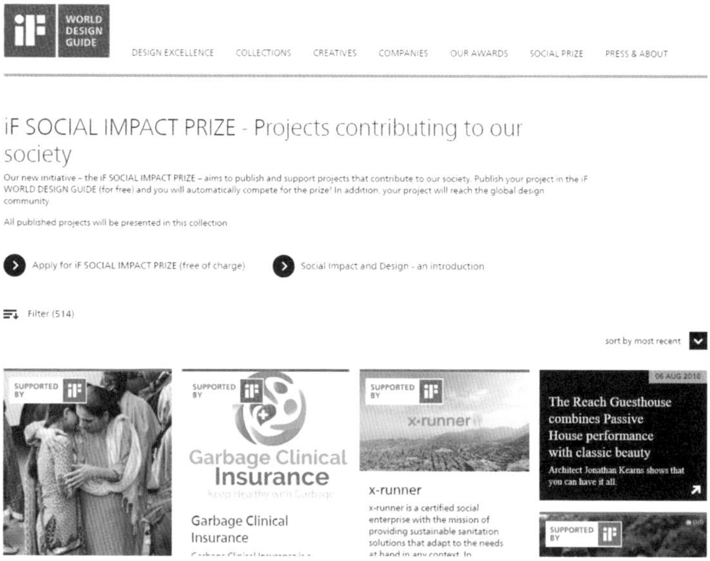

그림53. iF 어워드의 2018년 사회적 변화상 금상 수상작(위)과 그 밖의 수상작 프로젝트들(아래)

제품이 아닌 무형의 디자인을 통해 사회 변화를 일구어내는 새로운, 그러나 비주류의 작은 흐름에 불과했던 서비스디자인이 불과 3년 만에 별도의 시상식이 되어 iF 어워드의 간판으로 올라선 것이죠. 제가 볼 당시에 첫 화면에 소개된 2018년 금상은 인도 사례인데 매춘과 강제

노동에 시달리던 여성 121명을 교육을 통해 자활로 이끌어낸 프로젝트라고 합니다.

2018년에 iF 어워드 '사회적 변화상'을 받은 그 밖의 프로젝트들을 살펴보면 쓰레기 재활용, 빈민가의 위생, 분쟁 지역의 식품 공급, 문맹자들을 위한 교육 등을 다루고 있습니다. 고전적인 디자인의 관점에서 보면 도저히 디자인이라고 생각하기 힘든 주제들이지만 국민디자인단과 서비스디자인의 관점에서 보면 아주 익숙한 프로젝트들입니다. 실제로 2017~2018년에 수행된 400여 개의 국민디자인단 프로젝트 중에는 iF 어워드의 사회적 변화상 수상작들이 다룬 주제인 쓰레기 재활용 개선, 빈민가 위생 개선, 극빈층 식료품 공급, 노인 문맹자 교육 등이 비슷하게 포함되어 있었으니까요.

2016년 한국 국민디자인단의 금상 수상이 세계 디자인 업계에 사회문제를 디자인을 통해 해결할 수 있다는 영감을 주면서 이렇게 사회적 변화를 이끌어내는 디자인에 대한 관심을 촉발시킨 것이 아닐까 하는 생각을 해봅니다. 어쩌면 제가 너무 나간 것인지도 모르겠습니다만, 그래도 가슴 한쪽이 매우 뿌듯해지는군요.

2. 부여군 국민디자인단은 어떻게 노인 무단 횡단 사고를 예방했나?

1) 군청, 경찰, 디자이너, 일반 시민이 의기투합하다

2018년 충남 부여군의 노인 교통사고 예방 프로젝트를 말씀드리며 국민디자인단에 대한 소개를 마무리할까 합니다. 국민디자인단이 내놓을 만한 가장 대표적인 사례이자 노인 공동생활홈 환경 개선 사업과 더불어 제가 가장 좋아하는 것입니다.

2018년 충남 부여군 국민디자인단은 지역 내에서 빈발하는 노인 교통사고에 주목하며 이를 줄여보겠다는 목표를 세웠습니다. 부여군청 담당자, 부여경찰서 교통 담당 경찰관, 젊은 서비스디자이너, 부여군 주민으로 구성된 국민디자인단은 노인 교통사고 문제를 해결하기 위해 우선 문제의 원인이 무엇인지부터 찾아보기로 합니다. 대체 왜 부여의 교통사고 가운데 노인들의 사고 비율이 압도적으로 높을까요?

이들은 먼저 노인 교통사고에 대한 통계 자료를 뽑고, 노인들이 가장 많이 사고를 당하는 장소를 선정한 뒤에 현장 조사에 나섭니다(그림54).[55] 그리고 해당 구역에서 대표 고객, 즉 퍼소나로 설정한 노인들이 사고를 당하게 되는 원인을 직접 경험을 통해 찾기로 하지요.

그림54. 2018년 부여군 국민디자인단의 현장 체험

2) 숨겨진 비밀, 왜 노인들은 무단 횡단을 해야만 했을까?

먼저 국민디자인단에 참여하고 있는 현직 경찰관분이 보여주신 사고 통계를 통해 국민디자인단은 노인분들이 사고를 많이 당하는 지점을 찾아내고 원인을 분석합니다. 그 결과 상당수 노인분들이 횡단보도가 아닌 곳이나 횡단보도가 있더라도 붉은 신호에 길을 건너다가, 즉 무단 횡단 중에 변을 당한 것으로 드러납니다.

그래서 다음 단계로 국민디자인단은 사고 다발 지역에서 퍼소나인 노인이 되어 고객 체험을 해봅니다. 다리를 묶어 노인들과 비슷한 이동 속도를 만든 뒤에 현장에서 길을 걷고 건너는 체험을 했지요. 이런 체험을 하는 가운데 국민디자인단은 문제의 핵심이자 노인들의 숨겨진 진정한 요구를 찾아냅니다. 무단 횡단이 일어나는 곳의 대부분이 버스 정류장 근처라는 점이 비밀 해결의 실마리였습니다.

부여군 국민디자인단이 현장 체험을 하던 시기는 앞의 사진에서 보시듯이 한여름이었는데요. 체험하는 중에 길 건너편의 정류장에 버스가 도착합니다. 퍼소나는 재빨리 건널목으로 가 길을 건너 버스를 타는 경험을 해보려고 했지만, 젠장 다리를 묶어놓은 탓에 평소보다 걸음이 훨씬 느립니다. 버스를 잡으려고 필사적으로 서두르던 퍼소나는 이윽고 무단 횡단을 해야겠다고 생각하게 됩니다. "그렇구나! 왜 노인분들이 무단 횡단을 하는지 알겠어!"

서울과 같은 대도시였다면 퍼소나(와 노인들)의 판단은 달랐을 겁니다. 버스는 잠시 기다리면 또 오니까요. 반면 **부여와 같은 소도시에서 버스를 놓친다는 것은 노인분들이 짧게는 20분, 길게는 한 시간을 기다려야 한다는 것을 의미합니다.** 땡볕이나 혹독한 추위가 닥치는 계절이면 상황은 더 심각해집니다. 그래서 이들이 횡단보도가 없는 곳에서 또는

빨간불에 길을 건너는 위험을 감수하는 것이었죠.

원인 혹은 고객의 진정한 요구를 파악하게 되자 해결법도 새로운 접근을 하게 됩니다. 이른바 '공급자 관점'에서 취하는 문제 해결 방식은 앞서 수차례 언급한 것처럼 뭔가 강제적인 수단을 동원해 무단 횡단을 막는 규제 방식으로 귀결되기 쉽지요. 이를테면 다음의 사진에서 보는 방식입니다.

제가 촬영한 서울 경복궁역 근처 도로 사진입니다(그림55).[56] 이곳은 무단 횡단이 많은 지역인데, 이를 막겠다고 중앙선에 차단막을 설치해 놓았습니다. 물론 이 차단막 때문에 무단 횡단을 단념하는 사람들이 많을 테니 교통사고를 줄이겠다는 목적에 어느 정도 부합은 할 겁니다. 하지만 이것도 서울이라는 대도시에서나 해당하는 이야기입니다. **부여의 버스 정류장 근처에 이렇게 중앙선 차단막을 설치하면 오히려 더 나쁜 결과로 귀결될 수도 있습니다. '사용자 관점'이 반영되지 않았으니까요.**

그림55. 서울 경복궁역 근처 도로에 설치된 무단 횡단을 막기 위한 중앙선 차단막

부여에 당장 버스에 타야 하는 노인분이 있다고 칩시다. 이분이 중앙선에 장애물이 있다고 해서 건강에 위협이 될 수 있는 무더위나 한파에 장시간 노출되는 걸 감수하고 무단 횡단을 단념할까요? 아마 그렇지 않을 겁니다. **즉, 노인들이 어떻게든 무단 횡단을 시도하려는 상황이 닥치면 중앙선 차단막은 사고를 막는 것이 아니라 오히려 사고 확률을 높이게 됩니다.** 생각해 보세요. 몸이 부자연스러운 노인들에게 차단

막은 넘어가기 쉽지 않은 장애물입니다. 어떻게든 지나가겠다고 길 한가운데에서 씨름하는 사이에 차가 달려오다가 노인들을 칠 확률이 높아진다는 이야기죠. 좋은 의도로 시작한 정책이지만 사용자와 고객의 관점이 결여되면서 오히려 나쁜 결과를 가져올 수도 있게 되지요.

이렇게 부여군 국민디자인단이 현장 체험과 여러 서비스디자인 기법을 활용해 내놓은 사용자 경험 관점에서의 결과물은 전혀 다른 것이었습니다. 무엇이었을까요?

3) 기다림 벨

기다림 벨은 아마도 이 책에서 소개하는 사례 중 핑크 라이트와 함께 가장 감탄스러운 결과물이 아닐까 싶습니다. 부여군 국민디자인단은 무단 횡단을 인위적으로 막기보다 수요자인 노인들의 입장에서 자연스럽게 횡단보도를 신호에 맞추어 건너게 만들 방법을 고민했습니다. 여기서 부여군 국민디자인단은 고객여정맵의 또 다른 사용자인, 그러나 아무도 관심을 두지 않았던 버스 운전사에 주목합니다. 다음은 실제 국민디자인단의 대화는 아니고, 발표 내용을 듣고 제가 논의 과정을 재구성한 것입니다.

국민디자인단 A: 버스 운전사가 조금만 기다려준다면 노인분들이 무단 횡단을 하지 않아도 되겠죠?

국민디자인단 B: 정류장 간 거리가 기니까 약간 기다렸다 출발해도 다음 정류장에 시간을 맞추는 데 큰 어려움은 없을 거예요.

A: 그런데 어떻게 운전사에게 버스를 타러 오는 손님이 있다는 걸 알리죠?

B: 정류장에 전광판이 다 있지 않나요?

A: 있죠.

B: 거기에 기다리라는 표시가 나오면 되지 않을까 싶은데…….

A: 근데 어떻게 신호를 보내요? 감지기가 있는 것도 아닌데?

B: 정류장 반대편 인도에 신호를 보내는 장치를 두면 어때요? 노인분들이 가다가 버스가 오는 걸 보면 누를 수 있게.

A: 그거 좋은 생각이네요.

이런 논의 과정을 거쳐 국민디자인단은 버스 정류장 건너편 길가에 '기다림 벨'을 설치하는 아이디어를 제시합니다(그림56).[57]

기다림 벨을 누르면 버스 정류장에 있는 전광 안내판에 "탑승하지 못한 승객이 있습니다"라는 안내가 뜹니다. 버스 운전사는 이 안내를 보고 잠시 대기합니다. 할아버지, 할머니들은 이제 무단 횡단을 하는 대신 여유롭게 신호를 지키며 건너가 대기 중인 버스에 타면 되지요.

어떤가요? 큰돈을 들여 중앙선 곳곳에 흉물스러운 차단막을 설치하지 않아도 됩니다. 사고 위험 지점마다 일일이 경찰을 세워 단속할 필요도 없습니다. 가난한 노인분들에게 벌금을 매기고 싸울 필요도 없지요. 자동차들의 과속을 막겠다고 여기저기 과속방지턱을 만들 필요도 없습니다.

부여군의 사례는 2017년 국민디자인단 성과공유대회에서 행정안

그림56. 부여군청 국민디자인단의 '노인 맞춤형 교통안전 디자인 개발' 개선 방안

전부 장관상을 수상했습니다. 그리고 실제 2018년도부터 부여군은 무단 횡단 사고가 많은 지역에 기다림 벨을 설치하고 있습니다. 이 책을 통해 이 아이디어가 많이 알려져서 다른 농어촌 지역에도 널리 보급되기를 바랍니다.

사실 2017년도에 부여군 국민디자인단이 제시한 해법은 '기다림 벨' 말고도 하나가 더 있었습니다. 바로 길가에 설치하는 '접었다 폈다 할 수 있는 간이 의자'였지요. 이 간이 의자는 왜 필요했을까요? 답을 바로 말씀드리는 것보다 다음 페이지에서 유사한 사례를 하나 더 소개해 드릴게요.

✔ 덧붙이기

횡단보도 옆 '장수의자'

경기도 남양주시 별내동에는 횡단보도 기둥에 접이식 의자가 설치된 곳이 있습니다(그림57).[58] 젊은이들이야 "왜 저런 게 있지?" 하고 무심코 지나가지만 노인들은 이 의자를 보면 눈길을 주다가 펼쳐보고는 하죠. 그러고는 신호를 기다릴 때 앉아서 기다립니다. 신호가 바뀌면 앉아 있던 분들은 일어나서 길을 건너가고 의자는 자동으로 다시 접히며 오염을 방지하지요.

횡단보도의 이 의자들은 2019년 봄 남양주시 별내파출소에서 설치했습니다. 유석종 별내파출소장의 아이디어인데, 앞서 기다림 벨 사례를 읽어보셨으니 이 의자의 목적도 이해가 되실 겁니다. 바로 다리가 아픈 노인분들이 서서 신호가 바뀌기를 기다리기 힘들어하다가 무단 횡단하는 것을 방지하는 의자죠. 그래서 이름도 '장수의자'라고 붙였다고 합니다. 무단 횡단하지 마시고 오래 사시라는 뜻으로요.

제가 근무하는 행정안전부는 보행자 안전 업무도 담당하고 있습니다. 2017년 전국적으로 무단 횡단하다가 사망한 노인 수가 335명에 이릅니다. 보통 노인들의 빈번한 무단 횡단을 "이분들이 옛날 어릴 적에 공중도덕을 교육받지 못해서"라고 예단해 버리기 십상이지요. 하지만 관련 보도를 접한 유석종 파출소장은 의문을 품고 주변 어르신들을 대상으로 인터뷰를 했대요. 그 결과 무단 횡단의 원인이 일반의 짐작과는 다르게 "서서 기다리기 힘들어

그림57. 남양주시 횡단보도 옆 장수의자

서"라는 것을 알게 됩니다. 앞서 국민디자인단과 마찬가지로 노인들의 진정한 요구를 찾아내신 것이죠. 그래서 보통 경찰들이 택하는 계도나 단속이 아닌 자연스러운 해결책을 찾아낼 수 있었습니다.

사실 부여군 국민디자인단도 앞서 언급한 기다림 벨과 함께 횡단보도 근처에 간이 의자를 놓는 아이디어를 제시했습니다. 시간 순서로만 따지면 부여군 국민디자인단의 사례가 2017년의 일이니 남양주시 장수의자를 앞섰다고 할 수 있겠네요. 이 장수의자 일화는 서비스디자인을 따로 교육받지 않은 일반인들도 고객의 관점에서 고객의 목소리를 들으려고 노력한다면 현직 서비스디자이너들처럼 훌륭한 해결책을 내놓을 수 있음을 입증하는 사례라고 하겠습니다. 서비스디자인에서 중요한 것은 전문 지식이나 기법보다는 자신의 관점이 아닌 고객의 관점에서 보는 열린 마인드, 그리고 발품을 팔며 현장에 가서 관찰하고 답을 찾아내는 부지런함이라는 것도 보여주지요.

책을 마무리하며: 서비스디자인이 보여주는 새로운 행정의 미래

이제 서비스디자인과 국민디자인단을 소개하는 이 책을 마무리할 단계입니다. 책의 첫 장부터 여기까지 소개해 온 국민디자인단, 혹은 서비스디자인이 해온 대표 성과들을 차례대로 다시 살펴볼까요?

첫째, 농림축산식품부에서 진행한 농촌 노인들의 공동생활홈 환경 개선 프로젝트를 소개했습니다. 겉으로 드러나지 않았던 시골 할머니들의 진정한 요구는 노인정의 목욕탕이나 식당 리모델링 같은 환경 개선보다 죽음에 대한 공포를 극복하는 동시에 그럼에도 최소한의 프라이버시는 지키고 싶다는 상반된 두 가지 요구였습니다. 이 어려운 일을 탁구장 칸막이라는 간단하고 저렴한 방법으로 해결했습니다.

둘째, 부산 경전철과 지하철에 설치된 핑크 라이트 프로젝트를 소개했습니다. 지하철에 임산부석이 도입되고 나서 오랜 시간이 지났지만 첨예한 논란과 갈등이 끊이지 않는 가장 큰 이유는 좌석 사용자들의 숨겨진 요구가 충돌하기 때문입니다. 임산부들은 굳이 임산부 티를 내고 싶지 않아 하고, 일반인 승객은 만원 지하철에서 임산부석을 비워 가는 것이 불만이지요. 그래서 임산부석은 정작 임산부가 열차를 타도 양보받기 힘든 좌석이 되었습니다. 그런데 핑크 라이트는 두 가지의 상충되는 요구를 파악한 뒤에 이를 휴대용 신호기와 안내 불빛이라는 세련된 방식으로 풀어냈습니다.

셋째, 행정안전부의 파주시 대성동 첫마을 프로젝트를 소개했습니다. 열악한 주거 환경의 개선에만 초점을 맞추었던 기존의 대성동 지원 방안에서 벗어나, 이 지역이 품은 독특한 역사를 외부인들에게 알리고 싶어 하는 주민들의 진정한 요구를 마을기록전시관이라는 방법으로 해결했습니다.

넷째, 인천시 미추홀구의 햇빛발전소와 서울시 중구의 지붕없는 인쇄소 프로젝트를 소개해 드렸습니다. 이 두 사례는 같은 지역에서 국민디자인단이 이미 해왔던 환경 개선 사업을 한층 더 발전시킨 형태죠. 햇빛발전소와 지붕없는 인쇄소 모두 지역 주민과 상인들이 맞닥뜨린 경제적인 어려움을 해소하고 자활하는 데 도움이 될 만한 협동조합 형태의 사업입니다. 더불어 이런 조합을 통해 지역 내 주민이나 상인 공동체가 회복하는 일석이조의 효과를 제시했습니다.

다섯째, 바로 앞에서 소개한 부여군의 기다림 벨 프로젝트입니다. 농촌 노인들에게 빈발한 무단 횡단 사고를 해결하려는 무척 어려운 프로젝트였지요. 노인들이 목숨을 걸고 무단 횡단을 감수하게 만드는 숨겨진 요구를 찾아냈고, 그 원인을 해결함으로써 노인분들을 힘들게 하지 않으면서 사망 사고도 줄이는 효과를 거두었습니다.

이 모든 서비스디자인 프로젝트들은 하나의 의미로 집약됩니다.

> 사회가 당면한 문제를 사용자 혹은 고객의 관점에서 이들이 원하는 것을 정확하게 찾은 다음에 이들이 원하는 방식이나 이들을 가능한 불편하게 만들지 않는 방식으로 해결한다.

앞서 2장에서 "왜 서비스에 디자인을 도입해야 하는가?"라는 질문에서 이미 말씀드린 이야기입니다. 서비스디자인은 첫째 현장과 고객의 관점에서, 둘째 긍정적인 효과를, 셋째 고객의 자발적인 참여를 통해 달성한다고 설명을 드린 바 있습니다.

* * *

저는 2000년대 초반에 공직 사회에 들어와 일하기 시작했습니다. 그때부터 항상 품었던 의문 내지는 문제의식이 있습니다. 이 문제의식을 설명하기 위해서는 2000년대 초반보다 조금 더 시간을 거슬러 올라가야겠네요.

제가 공무원이 되기 위해 공부하던 1990년대 말에 배운 것들 중 하나가 당시 행정학에서 유행하던 **서비스 정부** service government 라는 담론이었습니다. 미국을 중심으로 새롭게 제시된 서비스 정부 논의는 기존의 공급자 중심의 접근 방식을 타파하고 민간 기업들처럼 고객 만족을 높이는 서비스를 제공하는 것이 정부의 새로운 역할이라고 강조하는 패러다임이었죠.

서비스 정부를 연구한 논문이나 책들은 서비스가 잘되기 어려운 부분은 과감하게 민영화하고 기존의 권위적인 사고가 몸에 밴 공무원들을 서비스 정신으로 재무장시켜야 한다고 주장했습니다. 실제 미국에서는 당시 앨 고어 Al Gore 부통령을 중심으로 서비스 정부로 정부의 체질을 근본적으로 바꾸는 혁신이 대대적으로 추진됩니다. 제가 공직 사회에 들어온 이후인 2000년대 초·중반에 한국에서도 비슷하게 정부 혁신이 강조되었고, 서비스 정부로 혁신하려는 미국을 배우자는 대대적인 움직임이 일어납니다. 혁신 세미나, 공무원을 대상으로 한 친절 교육, 서비스 기관의 민영화 또는 책임 운영 기관으로의 전환, 대형 민간 컨설팅 회사에 의뢰해 수행한 서비스와 업무 절차의 대대적인 재설계 등이 쉴 새 없이 추진되었죠.

안타깝게도 당시 서비스 정부를 향한 혁신은 실제로는 그리 성공적이지 못했습니다. 물론 일선 창구에서 공무원의 친절도는 상당한 수준까지 올라갔어요. 공무원이 찾아온 민원인에게 폭언하거나 상납을 바라거나 하는 등의 갑질 빈도도 확실히 줄었습니다. 하지만 친절해진 것과는 별개로 정부가 제공하는 '서비스' 자체에 대한 불만은 그다지 줄어들지 않았지요.

▹ 왜 한군데에서 해결하지 않고 이리저리 민원인을 뺑뺑이를 돌리죠?

▹ 친절하게 대해주시는 건 좋은데 실제로 해결해 주는 것은 없어요. 규정만 내세우면서 앵무새처럼 똑같은 답변을 친절하게 반복할 뿐이죠.

이런 문제 제기가 서비스 정부를 주창하기 시작한 지 20년이 넘게 흐른 지금까지도 여전합니다. 요체는 형식적인 부분만 친절해졌을 뿐, 진정으로 고객 만족을 추구하는 서비스 정부는 요원하다는 것입니다. 이것이 제가 품었던 문제의식이었습니다.

그럼 이렇게 된 이유는 뭘까요? 저는 가장 근본적인 원인으로 공무원들에게 '고객 관점의 행정을 해라'는 사명감과 당위성만 강조했지, **이들에게 실제 '어떻게 고객의 입장에 서는가'라는 방법을 가르쳐주지 않았기 때문이라고 생각합니다.** 아니 가르쳐줄 수 없었죠. 그런 담론을 이야기했던 쟁쟁한 행정학자들과 세계적인 컨설팅 회사들도 '어떻게' 고객의 입장에 서서 서비스를 제공할 수 있는가라는 질문에 대해 구체적인 방법을 제시하지 못했습니다. 민간 사례에서 가져온 통합 콜 센터, 고객 응대 매뉴얼, 친절도 조사 등 '친절도를 높이기 위한' 수단들은 고객의 관점에서 진정으로 고객이 원하는 요구 사항을 파악해 해결하는 방법이 아니었으니까요.

제가 공무원이 되고 나서 10년 넘게 주로 행정 혁신 분야에서 근무하면서도 이 질문은 쉽게 답을 찾을 수 없는 난제였습니다. 과연 어떻게 공무원들이, 그리고 이들이 모인 정부 기관이 진짜로 고객의 관점에서 일하게 만들 수 있을까?

이런 고민을 안고서 2016년 3월 행정안전부에 신설된 국민참여정책과장으로 부임했습니다. 그렇게 국민디자인단 업무를 하며 서비스디자인이라는 매우 낯선 분야를 처음으로 접하게 됩니다. 초기에는 이게 무슨 효과가 있을까 생각했습니다. 정책을 디자인으로 한다고? 사회문제를 디자인으로 해결할 수 있다는 게 과연 가능하기는 한 이야기일까?

그런데 앞서 보신 것과 같이 전국에서 여러 해 동안 수많은 서비스디자이너, 수많은 기관의 담당자, 일반 시민으로 구성된 국민디자인단이 지속적이고 헌신적으로 활동하면서 진정으로 고객의 관점에서 문제를 해결하는 사례가 나타나기 시작합니다. 그리고 저 역시도 하루가 다르게 생각이 바뀌어 갔습니다. 훌륭하고 심지어 감동적이기까지 한 우수 사례들을 접하면서 저는 10여 년간 고민해 온 질문의 답을 마침내 찾았다는 결론에 이르게 되었습니다. **지난 20여 년간 행정학이 그렇게 강조해 온, 그러나 구체적인 방법을 제시할 수 없었던 '고객 중심의 행정'을 실제로 공직 사회에서 구현할 수 있는 가장 효과적인 방법이 서비스디자인이라는 것이 제 생각입니다.**

서비스디자인이 아니었다면….

▹ 빈집에서 자다가 변을 당하기는 싫어 노인정에서 주무시지만 옆의 할머니들에게 끊임없이 숙면을 방해받는 시골 할머니
▹ 만원 지하철에서 임산부석에 앉아 가는 아저씨 앞에 서서 너무 힘들지만 양보해 달라는 말을 꺼내지 못하는 임산부
▹ 혹한 속의 버스 정류장에서 30분을 기다리기 싫어 달려오는 차량 앞으로 무단 횡단을 시도하는 다리 불편한 할아버지

이들의 입장을 과연 누가 이해하고 적합한 해결책을 제공할 수 있었을까요? 아주 우수한 공무원들이라면 불가능한 일만은 아닐 수도 있겠죠. 여기서 '우수한' 공무원이란 타인의 입장에서 이야기를 들어 주고 타인의 입장에서 사고하는 감수성을 갖춘 공무원입니다. 그런데 불행하게도 한국의 공직 사회나 공기업은 이런 사람들을 선발하지 못합니다. 선발 수단이 우수한 두뇌와 이성적인 사고를 하는 이들을 뽑는 공개 채용 시험이니까요. 남다른 감수성과 톡톡 튀는 아이디어의 소유자들조차 기계적인 암기를 요구하는 시험 준비 과정을 거치면서 본래 있었던 감수성과 창의성을 잃어버리기 십상입니다.

공직 사회에 들어온 이후에도 고객 중심의 행정은 효율이라는 지상 과제에 밀려 우선순위가 떨어지기 마련입니다. 의견 수렴을 위한 예산은 효율적인 추진을 위한 예산보다 항상 우선순위가 밀리고, 기일 안에 결과물을 완성해야 한다는 압박감은 현장에 가보기보다 책상에 앉아 정책을 급조하게 만듭니다.

고객 중심의 행정을 위해 도입한 여러 제도들도 이를 담보하지 못합니다. 행정 분야에는 "국민의 행정 참여를 도모하기 위해"(행정절차법 제1조 목적) 만들어진 '행정절차법'이라는 게 있어요. 여기서 공청회, 의견 청취, 설문 조사 등을 참여 방법으로 규정하고 있지만 실제 현장에 가보면 대부분 형식적으로 운영되고 있습니다.

정부의 다양한 성과 평가 제도에도 '고객의 의견 수렴 여부', '고객의 만족도' 등이 평가 항목에 있어 고객 지향적인 행정을 추진하겠다는 의도가 담겨 있습니다. 그러나 실제 평가에 들어가 보면 고객 만족 요소들보다는 '최초 목표 대비 실제 달성 여부'에 너무나 많은 비중이 부여되면서 고객 참여적인 요소나 의견 반영을 오히려 '계획된 일정 내에 목표한 성과를 달성했는가'라는 가장 중요한 평가 항목의 걸림돌로 만들어버리는 경향이 있음을 부인하기 어렵습니다.

이런 현실적인 여건들 탓에 불행하게도 공직 사회 내부에서 고객 중심의 행정을 구현하기란 어렵습니다. 그래서 서비스디자인이 필요합니다. 이를 통해 고객의 관점에서 진정한 요구를 알려주고, 고객의 요구를 다양한 의견 수렴을 통해 사용자 경험의 관점에서 해결하는 대안적인 정책 서비스가 가능해지죠.

일반적인 대규모 컨설팅은 시간과 인력이 많이 필요하지만 서비스디자인은 그렇지 않습니다. 10명 내외의 사람들이 모여 실제적인 체험과 아이디어를 취합해 10주 이내에 구체적인 대안을 만들 수 있습니다. 저희는 이를 '10-10 법칙'이라고 불렀지요. 비용 측면에서도 제품을 디자인하는 것이 아니라 서비스라는 무형의 존재를 디자인하므로 큰돈이 들어가지도 않아요. **기존 행정에서 고객 지향적인 참여 방식이라고 이야기하는 공청회, 설문 조사, 전문가 간담회 등에 비해 시간, 인력, 비용 등 모든 측면에서 유리합니다.**

고객의 관점이 실제로 반영되는지 여부를 따져보아도 우월합니다. 정부가 몇 가지 대안을 정한 다음 이에 대해 선택을 묻는 공청회나 설문 조사, 아니면 자문은 받지만 그 내용이 실제 정책으로 반영될지 확실하지 않은 전문가 자문 등에 비해 훨씬 더 반영 가능성이 크고 실현 가능성이 높은 대안이 도출됩니다.

이렇게 서비스디자인이 가진 새로운 힘, 특히 공공 부문에서의 효과에 주목하는 것은 우리 정부만이 아닙니다. 이미 iF 재단의 사회적

그림58. IDEA의 서비스디자인 부문 및 사회적 변화 부문(위)과 레드닷 어워드의 서비스디자인 부문(아래)

변화상에 대해 말씀드렸는데, 세계 3대 디자인상 중 나머지 두 상인 IDEA 어워드와 레드닷 어워드도 서비스디자인과 사회적 변화 부문을 2010년대 이후 신설해 시상하고 있습니다(그림58).[59, 60] 디자인계뿐만 아니라 정부 부문도 마찬가지입니다. 미국 오바마 정부는 무려 백악관 안에 사회행동과학팀SBST: Social and Behavioral Science Team이라는 조직을 설치했어요. 이 팀을 통해 기존의 규제 관리나 오바마 정부의 핵심 과제였던 건강보험 개혁 등의 현안을 다양한 분야의 전문가들과 함께 넛지, 행동경제학 기법을 활용해 해결하는 실험적인 시도가 추진되었습니다.

영국의 경우 2010년 이른바 '넛지 유닛'으로 불린 행동통찰팀BIT: Behavioral Insight Team을 총리실 산하에 설치했습니다. 데이비드 캐머런 David Cameron 총리가 집권한 뒤에 직접 지시해서 만든 조직인데요. 지금은 영국 총리실에서 독립해 참신한 아이디어를 무기로 각국 정부가

그림59. 영국 BIT 홈페이지

영국의 BIT는 개발도상국들이 직면한 코로나19 백신접종 문제, 도박 문제, 트럭 운전사 난폭운전 문제 등의 해결 방안을 모색하고 있습니다(2021년 2월 기준).

직면하고 있는 다양한 문제를 해결해 주는 별도의 회사가 되었습니다(그림59).[61]

경제협력개발기구OECD 같은 국제기구도 이런 새로운 접근 방식에 주목하고 있습니다. 2017년 저는 프랑스 파리의 경제협력개발기구 본부에서 개최된 각국의 행정 우수 사례 소개 세미나에 참석한 적이 있습니다. 3장에서 잠깐 언급했던 열린소통포럼의 전신이자 제가 지원단장을 맡아 운영했던 '광화문1번가'를 참여 행정 세션에 소개하기 위한 출장이었는데요. 사실 발표를 맡지 않았다면 제가 들어보고 싶었던 세션은 따로 있었습니다. 같은 시간에 열린 넛지 세션이었죠. 각국에서 넛지 업무를 맡은 공무원들이 모여 자국의 사례를 발표했는데, 다른 나라에서 저와 비슷한 일을 하는 이들의 성공 사례도 들어보고 기회가 되면 저도 한국의 국민디자인단이 달성한 여러 놀라온 성과를 소개하고 싶었습니다. 안타깝게도 제가 같은 시간대에 열린 다른 세션의 발표자가 되는 바람에 참석할 수 없었습니다.

이처럼 넛지 혹은 서비스디자인은 여러 나라에서 공공 부문의 다양한 문제를 해결하는 대안으로 점점 주목받고 있습니다. 이 장의 소제목 표현인 '새로운 행정의 미래'라고까지 쓰기에는 다소 과장된 수사일 수 있습니다. 하지만 적어도 저는 남은 공직 생활 동안 일하면서 더 이상 과거의 구태의연한 방식으로 돌아가지는 않을 것 같습니다. 이것은 저뿐만 아니라 2014년부터 지금까지 국민디자인단을 운영해 온 여러 정부 기관의 담당자분들도 같은 생각이실 겁니다. 확신컨대 10년 정도 지나면 지금 전국 5000여 명의 국민디자인단이 심어놓은 작은 묘목들이 거대한 숲이 되어 고객 중심의 행정을 실현하는 핵심 도구가 되어 있으리라고 믿습니다. 그리고 그 거대한 숲은 한국만의 이야기가 아닐 것입니다.

마지막으로 디자인에 대한 책인 만큼 디자이너의 말을 인용하며 책을 마무리하려고 합니다. 자동차 회사 BMW의 디자인 수장이자 파격적인 디자인으로 전설이 된 크리스 뱅글Chris Bangle은 입버릇처럼 후배 디자이너들에게 이렇게 이야기했다고 합니다.[62]

> 차가운 기계가 찍어내기 편하도록 디자인하지 마라.
> 따뜻한 인간이 사용할 물건이다.

제품디자이너들을 향해 던진 말이지만 이 책이 다루는 서비스디자인 분야에 더 잘 적용될 만한 이야기가 아닐까 합니다. 이 책에 소개된 모든 서비스디자인의 공통점은 하나입니다. 사람들에게 조금이라도 더 편안함과 따뜻함을 제공할 목적으로 디자인하자는 것이죠. 그래서 서비스디자인은 이윤 추구를 최우선시하는 사기업보다 사람들의 행복을 목적으로 하는 정부 등 공공 부문에서 더 중요하고 필요한 개념입니다.

이 작은 책이 어떻게 하면 진정으로 고객, 즉 시민들의 관점에서 시민들에게 따뜻하게 다가갈 정책과 서비스를 내놓을지 고민하고 있을 수많은 동료 공무원들에게 작은 단초가 되기를 바랍니다. 척박한 이해도와 낮은 관심 속에서도 서비스디자인을 통해 더 나은 세상을 만들고자 땀 흘리는 서비스디자이너분들에게 보다 많은 관심이 주어진다면 더 좋겠습니다.

지금까지 긴 이야기를 읽어주셔서 감사합니다.

✔ 덧붙이기

서비스디자인 회사의 '거스름돈은 됐어요'는 성공한 반면에 백악관 넛지 팀의 '노후 저축 보조'는 실패한 이유

2009년 제가 미국에 유학 갔을 때 첫 계좌를 만든 은행이 뱅크오브아메리카입니다. 미국 최대의 은행이기도 한 뱅크오브아메리카에는 재미있는 저축 상품이 있었는데요. 고객이 저축 계좌를 만들면 체크카드를 발급해 주는데, 체크카드를 쓰면 거스름돈을 저축 계좌에 자동으로 저금해 주는 '거스름돈은 됐어요Keep the Change' 서비스입니다(그림60).[63]

'현금이 아니라 카드를 쓰는데 무슨 거스름돈이 나오나' 하실 테니 예를 들어 설명해 드릴게요. 커피를 사고 3달러 45센트가 나오면 체크카드 결제액은 4달러가 청구됩니다. 그리고 더 결제된 55센트는 저축 계좌에 넣어주는 것이죠. 현금을 4달러 냈을 때 55센트를 거슬러주면 잔돈을 집에 들고 와서 저금통에 넣었던 사용자 경험을 온라인으로 그대로 구현해 낸 아주 절묘한 서비스디자인이었습니다.

그런데 이게 그냥 나온 게 아닙니다. 이 서비스의 명칭이 왜 '잔돈을 저금합시다'가 아니라 '거스름돈은 됐어요'일까요? 서비스디자이너들이 가게에서 손님들의 지불 행태를 관찰했더니요. 현금으로 물건값을 낸 손님들이 거스름돈을 받아 가지 않고 "됐어요"라며 점원이

그림60. 미국 뱅크오브아메리카의 '거스름돈은 됐어요' 서비스

가지라고 하거나, 앞에 있는 팁 박스에 넣는 모습이 목격되었습니다. 이런 경험을 그대로 재현하는 서비스를 디자인해 사람들이 쉽게 새로운 서비스를 이해하도록 했지요.

결과적으로 이 서비스는 사람들이 귀찮아하는 저축을 비록 푼돈이지만 자연스럽게 유도하며 큰 성공을 거두었죠. 그렇게 넛지, 서비스디자인, 디자인 싱킹을 소개할 때 빠지지 않고 언급되는 사례가 되었습니다. 그럼 이 '거스름돈은 됐어요' 서비스를 만든 이들이 누구일까요? 2장에서 소개한 아셀라 고속철도 프로젝트로 서비스디자인을 창시해 낸 아이데오입니다. "역시!"라는 말이 저절로 나옵니다.

앞서 언급한 오바마 정부의 사회행동과학팀 역시 넛지를 활용하는 조직인 만큼 당연히 이 서비스에 주목했습니다. 선진국 중 가장 낮은 수준인 미국의 가계 저축률을 제고하는 데 이 방식을 활용할 수 있겠다고 보았지요. 사회행동과학팀은 경제학자들과 손잡고 2016년 노후여유자금계좌IDA: Individual Development Account에 '비슷한' 프로그램을 실험했습니다. **저소득층이 1달러를 저금하면 2달러를 정부가 더 저금해 주던 기존의 노후 대비 프로그램에 목표 저축액의 절반이 넘어가면 두 배인 4달러를 주는 실험을 했지요.**

그런데 이 실험 결과는 그렇게 좋지 않게 나타납니다. 저축액이 별로 늘지 않았거든요. ≪뉴욕타임스≫는 IDA 저축 프로그램의 실험 결과를 인용하면서 넛지가 오바마 정부가 기대하는 것처럼 만능은 아니라고 비판했습니다.[64]

그러나 제가 보기에 '거스름돈은 됐어요'의 성공과 IDA 저축 프로그램의 실패를 가른 것은 넛지가 효과가 있는지 없는지의 문제가 아닙니다. **제대로 된 넛지나 서비스디자인이 있었는지의 문제죠.** 아이데오는 사람들이 어떻게 하면 부담을 적게 느끼면서 저금을 할 수 있게 만들지를 사용자 경험의 관점에서 파악해 냈습니다. 심지어 서비스 명칭까지 사람들이 직관적으로 이해하고 부담 없이 동참하도록 세심하게 설계했습니다.

반면에 IDA 저축 프로그램을 설계한 이들은 이름만 행동경제학이라고 붙였을 뿐 '사람들은 더 많은 인센티브에 반응한다'는 고전적 경제학 사고를 그대로 적용했습니다. 사람들의 진정한 요구를 파악하려는 노력도, 어떻게 하면 자연스러운 동참을 이끌어낼까 하는 고민도 없이 말이죠. 그러니 실패로 귀결된 것은 어찌 보면 당연합니다.

감사의 말씀

책을 끝맺으면서 반드시 언급해야 할 분들이 있습니다.

먼저 국민디자인단이라는 프로젝트를 시작하고, 이후 적극적인 지원으로 대한민국의 공공 부문에 서비스디자인 개념이 도입되는 데 선구적인 역할을 맡은 행정안전부 김성렬 전 차관님과 윤종인 개인정보보호위원장님입니다. 두 분은 2014년 정부 혁신 담당 실장과 국장으로 호흡을 맞추며 당시 정말 생소한 개념이었던 서비스디자인을 과감하게 정부 전체에 도입하고, 이후에도 지속적인 지원을 통해 정착시켰습니다. 공직 생활을 하면서 이런 앞선 시각과 열린 사고를 지닌 분들과 일했다는 것은 제게 큰 행운이자 가르침입니다.

다음으로 한국의 척박한 서비스디자인 환경에서 저와 함께 2년여 동안 국민디자인단을 위해 고생한 '국민디자인단 자문단'입니다. 이분들은 단순히 자문에 그치지 않고 앞서 소개한 국민디자인단의 연간 일정의 거의 모든 부분, 즉 1~2월의 운영 계획 수립, 3~4월의 서비스디자이너 지원 프로젝트 심사, 5~10월의 각 기관의 추진 과제 컨설팅 및 현장 점검, 11월의 성과공유대회 발표 프로젝트 심사 및 현장 평가까지 전 과정에서 행정안전부와 한국디자인진흥원을 도와 국민디자인단을 반석 위에 올려놓으신 분들입니다.

한여름의 무더위에도 서울에서 경북 봉화의 산골 마을, 경남의 땅끝 사천, 전남의 땅끝 여수까지 대여섯 시간을 달려가서 출장비와 소액의 수당 외에는 별다른 대가도 없이 국민디자인단을 위해 헌신해 주신 이 드림 팀에게 지면을 빌려 다시 감사를 드립니다.

왼쪽부터 유병철 유앤드림스 대표님, 김성우 국민대학교 교수님, 방장혁 소울수프 대표님, 윤성원 한국디자인진흥원 PD님, 구유리 홍익대학교 교수님, 이정연 서울미디어대학원대학교 교수님입니다.

주

1 농림축산식품부 국민디자인단, 「홀로 지내시는 어르신을 위한 맞춤형 서비스(농촌형): 고령자 공동이용시설」(2015), 16쪽.

2 문창석, "'그림 대작' 조영남, 무죄로 뒤집혀… '고유한 아이디어'", ≪뉴스1≫, 2018년 8월 17일 자. http://news1.kr/articles/?3401217.

3 저자 제공.

4 부산시 서구 국민디자인단, 「내일을 꿈꾸는 비석문화마을: 아미초장 도시프로젝트」(2017), 6쪽.

5 하인즈 홈페이지. https://www.heinz.com/Heinz-Timeline.

6 하인즈 홈페이지. https://www.heinz.com/products/heinztomatoketchup.

7 픽사베이에서 '강남'으로 검색. https://pixabay.com/ko/photos/강남-한국-밤-569307.

8 부산시, 〈감천문화마을 상공에서〉(2019), 누리부산 홈페이지에서 '감천'으로 검색. https://www.visitbusan.net/kr/index.do?menuCd=DOM_000000204009000000&title=&cate1s=&cate2s=&rgt_type_code=1&searchwd=%EA%B0%90%EC%B2%9C&list_type=TYPE_SMALL_CARD&order_type=NEW&listCntPerPage2=15&page_no=2.

9 저자 제공.

10 워크프롬(Workfrom)에서 블루보틀 지역 매장(미국 워싱턴 D.C.) 검색. https://workfrom.co/blue-bottle-coffee-4.

11 애플 스테이션 홈페이지. https://applestations.wordpress.com/2015/03/17/apple-stores.

12 Justine Griffin, "Starbucks opens cafe inside Publix store in South Tampa, and more are coming," *Tampa Bay Times*, January 18, 2017. https://www.tampabay.com/news/business/retail/starbucks-opens-cafe-inside-publix-store-in-south-tampa-and-more-are-coming/2309825.

13 Mike Flacy, "30 Ways to Save Money at Best Buy, online and in-store," *The CheckOut*, May 9, 2020. https://bensbargains.com/thecheckout/guides/30-ways-to-save-money-at-be.

14 트립어드바이저에서 블루보틀 지역 매장(미국 뉴욕주) 검색. https://www.tripadvisor.com/Restaurant_Review-g60763-d7050232-Reviews-Blue_Bottle_Coffee-New_York_City_New_York.html.

15 트립어드바이저에서 스타벅스 지역 매장(미국 로드아일랜드주) 검색.

https://www.tripadvisor.co.uk/LocationPhotoDirectLink-g54070-d10485722-i229553368-Starbucks-Cranston_Rhode_Island.html.
16 스티브 잡스의 2007년 아이폰 프레젠테이션 유튜브 영상 캡처.
17 2017년 아카데미상 시상식 유튜브 영상 캡처.
18 2017년 아카데미상 시상식 유튜브 영상 캡처.
19 Bryan Braun, "Form IS Function."(2012.1.29). https://www.bryanbraun.com/2012/01/29/form-function.
20 Alex Heath, "The Apple Store vs. The Microsoft Store(Photo)," *Cult of Mac*, December 2, 2011. https://www.cultofmac.com/132947/the-apple-store-vs-the-microsoft-store-photo.
21 저자 제공.
22 다음 스포츠(https://sports.daum.net), 네이버 스포츠(https://sports.news.naver.com).
23 저자 제공.
24 텍사스주 휴스턴 국제공항의 사례는 몇 군데 문헌에서 나옵니다. 그런데 정확한 연도나 추진한 사람 등 구체적인 정보는 확인하기 어렵습니다. 다만 ≪뉴욕타임스≫ 같은 유력 언론에도 소개된 바 있으니 만들어낸 이야기는 아닌 듯합니다. Alex Stone, "Why Waiting Is Torture," *New York Times*, August 18, 2012. https://www.nytimes.com/2012/08/19/opinion/sunday/why-waiting-in-line-is-torture.html.
25 "New Baggage Claim at Hobby Airport is Now Open," *CitizensNet*, June 26, 2012. http://www.houstontx.gov/citizensnet/HobbyNewBaggageClaimOpens062612.html.
26 MYSC 블로그, "국민디자인단 매뉴얼 제작기"(2017.4.25).
https://m.blog.naver.com/blogmysc/220991620783.
27 행정안전부, 「사례로 배우는 국민디자인단 매뉴얼」(2017), 85쪽.
http://www.kidp.or.kr/?menuno=1202&bbsno=14917&siteno=16&act=view&ztag=rO0ABXQAMzxjYWxsIHR5cGU9ImJvYXJkIiBubz0iNjIyIiBza2luPSJraWRwX2JicyI%2BPC9jYWxsPg%3D%3D.
28 국제경찰청장협회(IACP) 홈페이지. https://www.theiacp.org.
29 Livework, "Designing a way out of long term unemployment." https://www.liveworkstudio.com/cases/designing-a-way-out-of-long-term-unemployment.
30 The Think Tank, "ARCHAEOLOGY SOAP," December 7, 2016.
https://www.thinktank.org.uk/blog/2330-archaeology-soap.php.
31 René de Ruijter, "Nudging: how to trick people into doing the right thing," *Hat-Rabbits*. https://hatrabbits.com/en/nudging.
32 구글 스트리트뷰(독일 퀼른, 한국 경상북도 구미시) 검색.
33 구글 스트리트뷰(한국 서울시 종로구) 검색.
34 저자 제공.

35 국토교통부 자동차정책과, "태극문양, 위변조 방지 홀로그램… 마음에 드는 번호판 디자인은?" 보도자료, 2018년 11월 19일 자.
http://www.molit.go.kr/USR/NEWS/m_71/dtl.jsp?lcmspage=1&id=95081564.

36 셀수스협동조합, 〈선유도공원-066〉(2002.11.16), 공유마당 홈페이지에서 '선유도공원'으로 검색. https://gongu.copyright.or.kr/gongu/wrt/wrt/view.do?wrtSn=13190553&menuNo=200018.

37 순천시 공식 블로그, "기적의놀이터(6호) 어린이 디자인스쿨 참가자 모집"(2019.9.16). https://blog.naver.com/hongane2013/221649494492.

38 광화문1번가 서울열린소통포럼 공간 안내. https://www.gwanghwamoon1st.go.kr/front/intropage/intropageShow.do?page_id=f0642175bd9042b1a27cca84c2d0bf76.

39 대구도시철도공사, "대구도시철도, 임산부 배려 홍보캠페인 실시", 컬러풀 뉴스룸 시정소식, 2018년 8월 27일 자. http://info.daegu.go.kr/newshome/mtnmain.php?mtnkey=articleview&mkey=scatelist&mkey2=2&aid=235826&bpage=5&stext=.

40 저자 제공.

41 대전도시철도공사, "대전도시철도, '임산부석에 테디베어' 비치" 보도자료, 2017년 11월 1일 자. http://www.djet.co.kr/kor/board.do?menuIdx=362&bbsIdx=13964.

42 부산시 출산보육과, "핑크라이트 이용자… 부산을 넘어 광역생활권으로!" 보도자료, 2019년 12월 31일 자. https://www.busan.go.kr/nbtnewsBU/1415726?curPage=&srchBeginDt=2019-12-29&srchEndDt=2020-01-05&srchKey=&srchText=.

43 한국디자인진흥원, 『공공정책, 책상에서 현장으로: 국민 중심 정부 실현을 위한 공공서비스디자인』(2017), 40~45쪽. https://www.slideshare.net/sdnight/2017-85526609.

44 한준규, "음산한 골목길 '범죄 막는 노란색' 입다", ≪한국일보≫, 2012년 10월 17일 자. https://www.hankookilbo.com/News/Read/201210171721547061.

45 공보처 홍보국, 〈자유의마을주택입주식〉(1959.12.23), 행정안전부 국가기록원 홈페이지에서 '자유의마을주택입주식'으로 검색. http://theme.archives.go.kr/viewer/common/archWebViewer.do?bsid=200200069330&dsid=000000000007&gubun=search.

46 대한민국 정책브리핑, "통일맞이 첫마을, 대성동 마을기록전시관 개관"(2016.6.3). https://www.korea.kr/news/policyPhotoView.do;JSESSIONID_KOREA=tyCQRfC6SI7SVUK7VL1TK5ZjYjQ0MkIuXyz7UXeOdcdXikmUIAft!699060931!847908892?bbsKey=22574&themekey=dept_activity&startDate=2008-02-29&endDate=2019-06-25&pageIndex=264.

47 행정자치부 공식 블로그, "국민이 직접 정책을 만든다! '정부3.0 국민디자인단 성과공유대회' 현장"(2015.12.14). https://mopasblog.tistory.com/11812079?category=250487.

48 인천시 미추홀구 공식 블로그, "디자인골목으로 재탄생한 노적산 호미마을"(2015.7.14). https://blog.naver.com/tong_namgu/220419856320.

49 인천시 미추홀구 제공.

50 지붕없는 인쇄소 블로그, "'지붕없는 인쇄소' 오시는 길"(2018.5.16). https://blog.naver.com/remakesewoon/221277127097.

51 행정안전부, 「2017 국민디자인단 성과사례집」(2018), 38쪽. https://www.mois.go.kr/frt/bbs/type001/commonSelectBoardArticle.do?bbsId=BBSMSTR_000000000039&nttId=62005.

52 부산시, "원도심 통합 관련 기자회견" 보도자료, 2018년 1월 18일 자. https://www.busan.go.kr/pr/photobodo/1302270.

53 한국디자인진흥원 제공.

54 iF WORLD DESIGN GUIDE 홈페이지.
위: https://ifworlddesignguide.com/rescue-foundation.
아래: https://ifworlddesignguide.com/design-guide/get-inspired/social-impact.

55 부여군 제공.

56 저자 제공.

57 행정안전부, 「2017 국민디자인단 성과사례집」(2018), 62쪽. https://www.mois.go.kr/frt/bbs/type001/commonSelectBoardArticle.do?bbsId=BBSMSTR_000000000039&nttId=62005.

58 남양주경찰서 별내파출소, "남양주서, 전국 최초 보행자 사고예방 장수의자 제작 설치" 보도자료, 2019년 4월 1일 자. https://www.ggbpolice.go.kr/nyj/cop/bbs/anonymous/selectBoardArticle.do?bbsId=News_nyj&nttId=49085&.

59 IDEA 홈페이지. https://www.idsa.org/idea-categories#servicedesign.

60 레드닷어워드 홈페이지. https://www.red-dot.org.

61 행동통찰팀 홈페이지. https://www.bi.team.

62 장진택, "디자이너의 오르가슴", ≪한겨레≫, 2009년 8월 19일 자 칼럼에서 재인용. http://www.hani.co.kr/arti/specialsection/esc_section/372157.html.

63 Cognitive Design, "Keep Your Own Change."(2008.8.25). http://newvaluestreams.com/wordpress/?p=133.

64 Eduardo Porter, "Nudges Aren't Enough for Problems Like Retirement Savings," *New York Times*, February 23, 2016. https://www.nytimes.com/2016/02/24/business/economy/nudges-arent-enough-to-solve-societys-problems.html?login=email&ref=business.

참고문헌

곤노 노보루. 2015.『디자인 씽킹』. 노경아 옮김. 아르고나인미디어그룹.

만치니, 에치오. 2016.『모두가 디자인하는 시대: 사회혁신을 위한 디자인 입문서』. 조은지 옮김. 안그라픽스.

탈러, 리처드 H. 2016.『똑똑한 사람들의 멍청한 선택: 결정적 1%, 사소하지만 치명적 허점을 공략하라』. 박세연 옮김. 리더스북.

탈러, 리처드 H.·캐스 R. 선스타인. 2018.『넛지: 똑똑한 선택을 이끄는 힘』. 안진환 옮김. 리더스북.

행정안전부. 2016.「2015 국민디자인단 성과사례집」.

________. 2017.「사례로 배우는 국민디자인단 매뉴얼」.

________. 2018.「2017 국민디자인단 성과사례집」.

지은이

신승렬

큰아버지와 작은아버지가 모두 신춘문예에 당선된 글쓰기를 좋아하는 집안에서 태어났다. 대학에서 경제학을 공부했으나 전혀 흥미를 느끼지 못했다. 영화를 업으로 삼고자 첫 직장으로 삼성영상사업단을 선택했으나 IMF 외환위기로 회사가 무너지며 꿈을 꺾었다. 이후 행정고시에 합격해 중앙인사위원회를 거쳐 행정안전부에서 근무하고 있다.

2016년부터 2018년 여름까지 행정안전부 국민참여정책과장을 맡아 세계 최초로 서비스디자인을 활용한 정책 집단인 국민디자인단을 이끌었다. 이 책은 당시의 경험을 바탕으로 쓴 것이다. 지금은 미국 워싱턴 D.C.의 미주개발은행Inter-American Development Bank에 파견되어 한국과 중남미의 행정을 연결하는 일을 하고 있다.

1998년 서울대학교 경제학과를 졸업하고, 2011년 미국 시라큐스 대학교 맥스웰 행정대학원에서 석사 학위를 받았다. 함께 쓴 책으로 『90년대를 빛낸 명반 50』, 『한국 대중음악 100대 명반 음반리뷰』가 있다.

할머니, 왜 집 놔두고 노인정에서 주무세요?

사용자 경험, 서비스디자인, 넛지는 공공서비스를 어떻게 바꾸고 있는가

지은이 | 신승렬
펴낸이 | 김종수
펴낸곳 | 한울엠플러스(주)
편집책임 | 조인순
편집 | 조일현

초판 1쇄 인쇄 | 2021년 4월 2일
초판 1쇄 발행 | 2021년 4월 23일

주소 | 10881 경기도 파주시 광인사길 153 한울시소빌딩 3층
전화 | 031-955-0655
팩스 | 031-955-0656
홈페이지 | www.hanulmplus.kr
등록번호 | 제406-2015-000143호

Printed in Korea.
ISBN 978-89-460-8043-0 03300 (양장)
978-89-460-8044-7 03300 (무선)

※ 책값은 겉표지에 표시되어 있습니다.